# Siete Pecados que Hunden a tu Familia...

y cómo Detenerlos.

David Raúl Lema Jr., PhD

*Siete pecados que hunden a tu familia* © Derechos de autor 2024
Dr. David Raúl Lema Jr.
Todos los derechos reservados.

Ni este libro ni ninguna parte puede ser reproducido o transmitido en ninguna forma ni por ningún medio, electrónico o mecánico, incluyendo fotocopias, microfilmaciones y grabaciones, o por cualquier sistema de almacenamiento y recuperación de información, sin el permiso por escrito del autor.

A menos que se indique lo contrario, todas las Escrituras se toman de la *Santa Biblia*, Nueva Traducción Viviente, copyright © 1996, 2004, 2015 por Tyndale House Foundation. Usado con permiso de Tyndale House Publishers, Inc., Carol Stream, Illinois 60188. Todos los derechos reservados.

Las Escrituras marcadas como CSB se toman de la Biblia Cristiana Estándar. Derechos de autor © 2017 por Holman Bible Publishers. Usado con permiso. Christian Standard Bible® y CSB® son marcas registradas a nivel federal de Holman Bible Publishers, todos los derechos reservados.

Las Escrituras marcadas como NVI son tomadas de la Santa Biblia, Nueva Versión Internacional®, NVI® Copyright ©1973, 1978, 1984, 2011 por Biblica, Inc. ® Todos los derechos reservados en todo el mundo.

Las Escrituras marcadas como KJV están tomadas de la Versión King James de la Santa Biblia. Dominio público.

Las Escrituras marcadas como NET son tomadas de la Biblia® NET copyright ©1996-2017 por Biblical Studies Press, L.L.C. http://netbible.com Todos los derechos reservados.

A Jesucristo,
nuestro Señor y Salvador,
quien proporcionó la visión para comenzar
y la fuerza para terminar.

¡A JC!
¡Señor y Rey por siempre!

# RECONOCIMIENTOS

Te honro y reconozco a ti, el lector, por renunciar a tu precioso tiempo para leer las ideas de *Los Siete Pecados*. Gracias por invertir en este libro para el beneficio de su familia y de usted mismo. Mi oración por ti es que las palabras de este libro puedan ministrarte a ti y a tu familia. Que Dios los bendiga.

También me gustaría agradecer a mi hermosa esposa de treinta y cinco años, Milvian. Ella me ha soportado a mí y a mis tonterías y ha hecho su parte para que nuestro barco familiar no se hunda. Ella es una de las razones por las que ahora tienes este libro en tus manos.

Este libro no existiría sin mis padres, David y Esther. No solo me dieron la vida, sino que me enseñaron a vivir.

Otra persona que ha sido una fuerza para hacer realidad este libro es mi suegra, Noemi. La llamamos cariñosamente Mimi. Ella creyó en mí. Gracias, Mimi, por tu apoyo. Gracias, también, a mi suegro, César.

Y a mis tres hijos, David, Cristina y Marcos, que han navegado en este barco familiar en las buenas y en las malas. Gracias. Que sus barcos naveguen sin problemas y sin esfuerzo!

# TABLA DE CONTENIDO

| | |
|---|---|
| INTRODUCCIÓN | I |
| 1. PECADOS DE LOS PADRES | 6 |
| 2. PADRES ORGULLOSOS | 15 |
| 3. PÁJAROS ENOJADOS | 22 |
| 4. VIVIENDO EN UN RÍO LENTO | 36 |
| 5. OJOS LUJURIOSOS | 50 |
| 6. CADA VEZ MÁS GORDO | 63 |
| 7. EL MUNDO NO ES SUFICIENTE | 74 |
| 8. LA HIERBA DEL VECINO | 83 |
| 9. ESCAPAR DE LA PENA CAPITAL | 91 |
| NOTA DEL AUTOR | 99 |
| APÉNDICE A | 101 |
| ENDNOTES | 103 |

# INTRODUCCIÓN

Me gusta mucho navegar. No importa si estoy en un pequeño velero o en un esquife de pesca o navegando en un crucero transatlántico súper grande. La experiencia es la misma: ¡estimulante! Sin embargo, cualquiera que haya navegado en serio sabe que siempre existe el peligro de que el barco se hunda. No importa el clima, la realidad es que en las profundas cavernas de tu mente, sabes que el peligro siempre está ligado a la navegación. Cualquier bote o barco en el que te encuentres puede hundirse de muchas maneras: factores climáticos, circunstancias atenuantes, la condición o el estado del barco y muchas otras razones. Sin embargo, una de las formas más rápidas en que su barco, independientemente de su tamaño, se hundirá es si su barco es torpedeado por alguien o algo. Los torpedos están diseñados para causar daños masivos e inmediatos y pueden hundir fácilmente un barco. Un agujero en tu nave lo enviará fácilmente al fondo.

Tu familia vive en el barco de la vida. En un hermoso día no hay nada como llevar a tu familia a dar un paseo en barco. Sin embargo, siempre se avecinan peligros. No quieres que el barco en el que está tu familia se hunda. De hecho, esta realidad es impensable. Si tu familia se hunde, estás en serios problemas. Nada como torpedos para hundir el barco en el que está tu familia. Comienzas a preocuparte día y noche sobre qué torpedos podrían destruir el barco en el que vive tu familia.

Casi todas las personas que conozco están preocupadas por su familia. Lo sé. Yo he estado allí. Siempre me he preguntado cómo sería tener una familia... y perderla. Ver hundirse el barco en el que está tu familia. Parece imposible, pero es cierto: uno puede perder su familia en este mundo. Este libro trata sobre nunca tener que perder a una familia de esa manera.

No deberíamos tener que pensar en esto ahora mismo. Pero la realidad es que debemos observar y aprender. Deberíamos poder pensar en esto más tarde, pero debemos pensar en ello ahora. Si queremos vencer las preocupaciones sobre el barco de nuestra familia, tenemos que aprender a evitar lo que puede hacer que se hunda.

Todo el mundo tiene miedos. Temores por su familia. Miedo a que su familia se hunda. Usted teme que su familia se hunda en un abismo cada vez más profundo de oscuridad y nunca vuelva a ver la luz del sol. El miedo a que los niños sucumban a la adicción crónica a las drogas. El miedo a tener un problema de salud que paraliza a tu cónyuge. El miedo a perder el trabajo. Estos miedos pueden impedirnos convertirnos en lo que realmente necesitamos ser y evitar que nuestra familia prospere. Tenemos que tomar el control de esta situación antes de que se salga de control. ¡Necesitamos ser rescatados!

Tomaremos este miedo y le daremos la vuelta para que pueda conducir al bien. Tomaremos este temor y nos daremos cuenta de su posibilidad de ser dignos en la mano de Dios. Tomaremos este miedo, lo venceremos, y lo convertiremos en una tribuna para la fe en el plan de Dios. Tomaremos este miedo y lo convertiremos en la fibra de todo lo que hemos estado haciendo para que salgamos más fuertes.

¡Bienvenidos a vencer el miedo! Bienvenidos a esta vida en tu nave. Bienvenido a un viaje que no hundirá tu barco. Bienvenidos a esta discusión y a este tiempo juntos. Bienvenidos al punto de partida.

Comenzamos por reconocer la situación en la que te encuen-

# INTRODUCCIÓN

tras. Que a tu familia le vendría bien un poco de ayuda. Tu familia se está hundiendo. Puede que no te des cuenta, pero los torpedos han dañado el casco de tu barco familiar. Comenzamos por hacerle saber que está en el lugar correcto. En estos capítulos encontrarás las herramientas necesarias para empezar a tomar las riendas de tu vida familiar. ¿A qué esperas? ¡Vamos!

# PREGUNTAS DE REFLEXIÓN

Después de cada capítulo, encontrará preguntas para que piense en los temas clave del capítulo. Después de pensar en sus respuestas, comparta sus pensamientos con alguien que crea que necesita hablar sobre este tema.

Comencemos con algunas preguntas fáciles para practicar:

1. ¿Estás preocupado por tu familia? En caso afirmativo, ¿qué le preocupa? ¿Es un miembro de la familia en particular? Si tu respuesta es no, ¿por qué crees que no te preocupas?

2. ¿Cuáles son tus temores para tu familia? ¿Tu familia está a punto de hundirse? ¿Tienes tiempo para arreglar los tablones pero eventualmente tu barco se hundirá?

# INTRODUCCIÓN

# ORACIÓN

Después de cada capítulo encontrarás una oración específica que puedes rezar tratando el tema del capítulo. Puedes hacer tuya esta oración, o usarla tal cual. Estas oraciones se ofrecen para que las uses si las necesitas y quieres usarlas. Comencemos con una oración de acción de gracias.

*Mi amado Padre que estás en los cielos,*
*Gracias por darme el privilegio de leer este libro y aplicarlo a mi vida. Gracias por darme este libro en esta intersección de la vida y la familia. Gracias por preocuparme por mi familia y darme esta oportunidad de pensar, reflexionar y orar por mi familia. Gracias por amarme a mí y a mi familia más de lo que merecemos. Gracias por querer detener el hundimiento de mi familia en este océano que llamamos vida. Gracias por conocer los detalles de mi vida como ninguna otra. Gracias por estar ahí para rescatarnos.*
*En el nombre de Jesús te damos gracias. Amén.*

# CAPÍTULO PRIMERO

# PECADOS DE LOS PADRES

Desde el principio de los tiempos, estos "pecados", como se les ha llamado desde siempre, han estado obstaculizando el éxito de las familias. En particular, estas siete transgresiones han estado en piloto automático desde el principio de los tiempos. Te han estado esperando. Son como torpedos dirigidos directamente a tu familia. No se trata de *si* algo va a pasar, sino de *cuándo*. Estos siete pecados, aunque inicialmente no estaban presentes en el comienzo de la creación, se convirtieron en una maldición para ti y tu familia en el momento en que Eva probó el fruto prohibido en el Edén. En ese mismo momento, estas siete cosas, o pecados, hicieron su gran entrada en el tapiz de la historia y han plagado a la humanidad desde entonces.

Estos siete comportamientos negativos, o como la Biblia los llama, pecados, han destruido sin piedad a las familias desde el principio de los tiempos. Son como cánceres en nuestras familias hoy en día. Estos pecados son los culpables detrás del abuso físico familiar, el abuso sexual, el abuso mental, el divorcio, el suicidio adolescente, el embarazo adolescente, la desviación social, las enfermedades mentales, todo tipo de adicciones, la pobreza e incluso el asesinato y muchos, muchos otros delitos. Para tomar el control de tu familia en este momento, debes tomar el control de estas opciones. ¿Pero cómo?

La Biblia llama a estos siete comportamientos pecaminosos por su nombre: orgullo, ira, pereza, lujuria, gula, codicia y envidia. Son pecados porque funcionan como "intermedios". Se interponen entre usted, su familia y Dios. Desde el momento después de la caída de la creación, estos pecados han estado atormentando a la humanidad. Su único propósito es arrastrarte a ti y a tu familia más profundamente al abismo del pecado. Y sí, son bastante efectivos para arrastrarte a la oscuridad.

Es posible que pienses que tu familia está a salvo de cualquier daño por estos pecados. Incluso puedes pensar que, dado que a veces vas a la iglesia, Dios te protegerá de estos pecados. Tal vez creas que tú y tu familia son la excepción a la regla y que estas maldiciones nunca te tocarán. Como dicen: lo que no sabes, no te puede hacer daño. Bueno, desafortunadamente, es demasiado tarde. Estas ofensas corren libres y petulantes en nuestra sociedad. De hecho, en nuestra actual cultura al revés, la gente adora estos pecados como virtudes, o peor aún, los considera como derechos personales. Muchos ignoran la maldición y aceptan estos pecados simplemente como parte de la naturaleza humana que nos define a nosotros y a nuestras familias. Esta vil mentira está llevando a nuestras familias directamente al dominio del infierno. Pero no el infierno cuando mueres, ¡el infierno aquí mismo en la tierra! Si alguno de estos siete se apodera de tu familia, la vida será un infierno. Puedo citar el nombre y apellido de cientos de personas que he conocido en mi ministerio y que sirven como prueba viviente de esta tragedia.

Lamentablemente, todos estos pecados comparten los mismos efectos intergeneracionales a lo largo del tiempo. Esta es una de las razones por las que al principio de la historia cristiana, los teólogos de la iglesia etiquetaron estos pecados como cardinales, o extremadamente peligrosos, o extremadamente importantes. De hecho, los llamaron pecados capitales. Su castigo siempre era la muerte de una manera u otra.

Esta es la triste realidad del pecado intergeneracional. Llegaron a ser conocidos como los pecados de los padres, ya que se transmitían dentro de las familias. Quizás un mejor descriptor sería los pecados de los *padres*. Este tipo de pecado es iniciado por individuos en una generación, pero sus efectos perduran hasta muchas generaciones futuras de esas mismas familias. Los niños terminan pagando las consecuencias de los pecados que no cometieron.

El ejemplo perfecto de la Biblia son Adán y Eva. (Véase su relato en Génesis 1–2.) Ellos fueron los perpetradores del pecado original en el jardín del Edén. Comieron el fruto del árbol prohibido, y toda la humanidad ha estado pagando las consecuencias desde entonces. Nosotros somos los ejemplos actuales. Como padres y abuelos, nuestros pecados, si no se controlan, afectarán negativamente a nuestros hijos, y a sus hijos, y a los hijos de sus hijos.

El pasaje bíblico 2 Samuel 21:1-14 nos trae una historia que demuestra el problema con los pecados intergeneracionales y cómo superarlos. Es una anécdota sobre la creación de una barrera para arrancar de raíz los pecados y tirarlos. Esta forma de deshacerse de los pecados es efectiva y clara.

Los pecados de los padres no pueden ser ignorados. Son una realidad intergeneracional. La historia en la Biblia no tiene ningún trasfondo o contexto. Se encuentra de manera independiente en el texto. Uno de los principales actores de esta historia son prácticamente desconocidos para nosotros: los gabaonitas. Los historiadores y teólogos están de acuerdo en que los gabaonitas vivían en sus ciudades en la Tierra Prometida que fue asignada a la tribu de Benjamín en el momento de la conquista de la tierra en el tiempo de Josué.

Los gabaonitas fueron el pueblo ingenioso que engañó a Josué y al pueblo de Israel haciéndoles creer que eran de una tierra lejana cuando, en realidad, ¡eran vecinos de al lado! (Véase Josué 9.) Josué y el pueblo de Israel no consultaron con Dios sobre este asunto aparentemente sin importancia y, en cambio, desobedecieron a Dios al hacer un tratado con los gabaonitas. Como resultado, los gabaonitas estaban a salvo de la conquista, pero se convirtieron en siervos de los israelitas para siempre. Más tarde sirvieron en el templo y proporcionaron leña y agua para las actividades allí mientras el templo aún estaba en pie.

El rey Saúl, muchos años más tarde y por razones desconocidas, decidió exterminar a los gabaonitas de una vez por todas para solucionar el disparate gabaonita. Violaría el antiguo tratado en nombre de la seguridad nacional y la unidad. La Biblia no nos lo dice, pero en algún momento, Saúl llevó a cabo una gran masacre contra los gabaonitas para limpiar el territorio de Benjamín. Este acto de genocidio iba en contra de un tratado de cuatrocientos años de antigüedad. Saúl decidió ignorar los términos del acuerdo, pero Dios no lo hizo. Tampoco los gabaonitas.

Así que Dios envió una gran hambruna (ver 2 Samuel 21). Saúl ya estaba muerto, después de haber muerto en batalla con los filisteos. Sin embargo, una sombra oscura se cernía detrás de la vida de Saúl que iba mucho más allá de sus años. Su pecado genocida cruzó misteriosamente las líneas generacionales e impactó a todo Israel. El pecado se manifestó de una manera terrible. Saúl profanó el juramento y llevó a los gabaonitas hasta los límites de la existencia, incluso asesinando a muchos de ellos. Este pecado tendría un efecto enorme y duradero sobre los gabaonitas y sobre el pueblo de Israel. Las consecuencias de los pecados de los padres son terribles. Saúl hizo lo que hizo sabiendo que estaba mal. Saúl fue un fracaso como rey. Murió en desobediencia a Dios, sin haberse arrepentido nunca de este y muchos otros pecados. Las consecuencias para su familia fueron terribles: sus hijos y nietos pagaron con sus vidas. Su pueblo y su país también lo pagaron con un alto precio. Sin embargo, Saúl nunca se arrepintió. Nos damos cuenta de nuestro pecado y nunca nos arrepentimos. ¿Por qué no?

La escena de una madre que mantiene una vigilia de seis meses para que los cadáveres de sus hijos no fueran profanados por pájaros y animales es una imagen ardiente de profundo dolor y pérdida. Rizpa, la hija de Aja, es una advertencia para todos nosotros del profundo dolor causado por este pecado generacional. Ella cuidó los cuerpos de sus dos hijos, los hijos de Saúl, después de que los gabaonitas exigieran su muerte por lo que Saúl había hecho para romper el pacto con su pueblo y matar a muchos de ellos.

Estas escenas deben poner de manifiesto en nuestras vidas las amenazas que se ciernen sobre nosotros. Pájaros que se abalanzan astutamente sobre los cadáveres de los cuerpos que fueron sacrificados por un antiguo pecado. Las lágrimas amargas de una madre afligida. ¡Los miles de años que tardarían esas lágrimas en secarse!

Las cárceles de hoy están llenas de hombres y mujeres que cumplen condena por sus crímenes, pero muchos de ellos son simplemente reflejos de los pecados de sus padres y madres. El padre ausente, la madre drogadicta, las familias divorciadas y rotas son

# PECADOS DE LOS PADRES 11

temas comunes en la población de nuestras cárceles hoy en día. Todos somos más que conscientes de los bebés y niños que crecen con discapacidades mentales y físicas porque un padre fue irresponsable. Los padres que fueron abusivos tendrán hijos abusivos. Gente lastimada, lastima a la gente.

Pero, ¿qué pasa con tu familia? Esto ciertamente no puede aplicarse a ti, ¿verdad? ¿O estás en este lote sin saberlo? ¿Qué pecados te transmitieron tus padres, o tus abuelos, que ahora están devastando tu vida, y es posible que ni siquiera te des cuenta? ¿Estás experimentando la culpa de pagar por pecados que ni siquiera eran tuyos para cometer? ¿Qué hay de los pecados que afectan a su sociedad? ¿Eres víctima del pecado intergeneracional?

¿Y tus hijos? ¿Son ellos también víctimas? ¿Qué pecados has cometido que impactan a tu familia hoy? ¿Qué pecados perseguirán a tus nietos por tu culpa? Las consecuencias de los pecados de los padres son terribles.

Afortunadamente, hay una solución a este pecado intergeneracional. La solución es rápida, pero siempre traerá miedo a tus ojos. La solución es enmendarse, o como dicen los teólogos, expiar los pecados de los padres lo antes posible.

En la historia de Saúl y los gabaonitas, David no iba a permitir que el pecado intergeneracional de Saúl causara más destrucción al pueblo de Israel. David sabía que tenía que hacer algo. Alguien tenía que expiar los pecados de los padres. Dios exigió justicia. La justicia exigía retribución.

La demanda de expiación debe ser satisfecha. Esta fue una situación difícil de enfrentar por completo y con finalidad. ¿Cómo podría una persona lidiar con este problema y traer la paz que viene con el perdón? Como solución a este mal, David les dio a los gabaonitas los hijos sobrevivientes de Saúl, y fueron fijados en un madero frente a la ciudad natal de Saúl, Gabaa. ¡Uau! ¡Qué solución tan drástica! Parece inhumano empalar a la gente hoy en día. La solución parece ser bárbara en el mejor de los casos y exagerada en el peor. Este hecho está muy lejos de nuestra realidad actual.

Sin embargo, el tablero no se borra cuando te vas. La expiación sigue siendo la solución. Entonces, ¿a quién tenemos que empalar en un árbol de tu familia? Esta respuesta está más allá del ámbito de lo posible para nosotros. Increíblemente, Dios se encargó de este problema por nosotros. Para salvar a nuestras familias, Dios tomó dos palos y algunos clavos y empaló, o mejor aún, crucificó, a su hijo en ellos para que los pecados de su familia pudieran ser expiados. Sí, así como los pecados de los padres pueden continuar por generaciones y generaciones, así también el perdón de Dios, a través de Jesús el Mesías, continúa por generaciones y generaciones. ¡Tienes que hacer las paces! Ahora. Ahora mismo. Usted puede detener el ciclo de pecado en su familia.

*Nota*: Vaya al apéndice A si necesita conocer el proceso de cómo puede detener el ciclo de pecado en su familia en este momento.

# PREGUNTAS DE REFLEXIÓN

1. ¿Qué opinas de los siete pecados capitales? ¿Crees que alguno de ellos está a punto de torpedear el barco de tu familia? ¿Ves que el orgullo, la envidia, la lujuria, la codicia, la gula, la pereza o la ira afectan a tu familia hoy?

2. ¿Qué piensas acerca de la realidad de los pecados intergeneracionales? ¿Crees que eres víctima del pecado intergeneracional? ¿Cómo ha impactado esto en su familia?

3. ¿Cómo resuena en su familia la historia bíblica de Saúl y los gabaonitas?

4. ¿Crees que eres culpable de cometer un pecado intergeneracional? ¿Cómo harás la expiación?

## ORACIÓN

*Mi amado Padre que estás en los cielos, Por favor, perdóname por llevar la carga de la culpa por los pecados de mis padres. Por favor, permítame expiar sus errores. Dame la claridad para ver sus pecados y hacer expiación por ellos. Por favor, detén este círculo vicioso de pecado intergeneracional. Por favor, limpia a mi familia de esta maldición. Gracias por expiar este pecado por medio de la muerte y el sacrificio de Jesucristo, tu hijo. En el nombre de Jesús, oro esto hoy. Amén.*

# CAPÍTULO SEGUNDO

## PADRES ORGULLOSOS

Recuerdo cuando nació nuestro primer hijo. Nos habíamos estado preparando durante ocho meses después del anuncio. Pinté la habitación de la niña de rosa en previsión de la hija que predecía la ecografía. ¡También recuerdo tener que pintar la habitación de nuevo de azul cuando cambió el pronóstico!

Cuando nació mi hijo, estaba muy orgulloso de ser su padre. Me pregunté, mientras sostenía a esa frágil criatura en mis brazos, qué tipo de legado le dejaría. En ese momento solo tenía buenos pensamientos. No me di cuenta de que mucho de lo que podemos transmitir puede ser muy negativo.

Desafortunadamente, uno de los legados que dejamos a nuestros hijos es nuestro pecado. El primer pecado, y el más prominente, en esta lista de siete pecados capitales es el orgullo. Un pecado capital se considera bastante dañino en nuestras vidas porque nos priva de la vida. El orgullo es el pecado más antiguo y probablemente el primer pecado de todos. Este fue el pecado que envió a Lucifer (el diablo) a hacer las maletas desde el cielo. También fue el pecado que hizo que Adán y Eva salieran del Edén. También es el pecado que nos hace empacar en nuestras vidas. . . a un infierno viviente.

"En el judaísmo, el orgullo es llamado la raíz de todos los males".[1] De hecho, la misma palabra mete miedo. La soberbia se refiere a que todo gira en torno a mí. La soberbia es un pecado egoísta.

El orgullo solo piensa en sí mismo.

Los antiguos griegos nos introdujeron el concepto de *arrogancia*, que era el orgullo de los seres humanos que buscaban, por cualquier medio, destacar. *La arrogancia* ha sido definida como orgullo en relieve. Los dioses griegos se aseguraban de castigar a cualquiera que tuviera arrogancia. Increíblemente, hoy en día el orgullo también se define como una virtud. De hecho, un gran gurú del liderazgo, John Maxwell, habla de la posibilidad de dos tipos de orgullo. Se hace una diferenciación común entre el orgullo "auténtico" (virtud positiva) y el orgullo "arrogante" (vicio negativo).[2] Ahora bien, ¿por qué Maxwell se sintió impulsado a hacer esta distinción? Bueno, muchas personas hablan de lo orgullosas que están de su trabajo, de su servicio, de sus vidas, de sus hijos, etc. "Con una connotación positiva, el orgullo se refiere a un sentido de apego hacia las propias elecciones y acciones o hacia las de otra persona, o hacia todo un grupo de personas, y es producto de la alabanza, la autorreflexión independiente y un sentimiento pleno de pertenencia".[3] Oímos hablar del orgullo gay, del orgullo militar, del orgullo familiar, del orgullo étnico y de tantos otros orgullos que el significado de la palabra se disuelve en la abstracción.

Por definición, "el orgullo es una respuesta o actitud emocional hacia algo con una conexión íntima con uno mismo, debido a su valor percibido".[4] El diccionario Oxford define el orgullo como "la cualidad de tener una opinión excesivamente alta de uno mismo o de la propia importancia. El orgullo es una autoestima desmesurada".[5] Dictionary.com define el orgullo como "una opinión elevada o desmesurada de la propia dignidad, importancia, mérito o superioridad, ya sea apreciada en la mente o mostrada en el porte, la conducta, etc."[6] El orgullo es simplemente convertirte en el número uno... y vivir con las consecuencias. La realidad bíblica y espiritual es que Dios odia el orgullo. La Biblia dice en Proverbios: "La soberbia lleva a la vergüenza, pero con la humildad viene la sabiduría" (11:2); "El Señor detesta a los soberbios; ciertamente serán castigados" (16:5); y "La soberbia precede a la destrucción, y la soberbia a la caída" (16:18). ¡Cuando el orgullo interviene, Dios sale!

Parece extraño que elijamos comenzar con el pecado capital del orgullo. Pero la verdad es que el orgullo está a nuestro alrededor. Este orgullo se manifiesta en todas las relaciones, incluso en aquellas que consideramos sagradas.

La realidad es que el orgullo se puede ver con bastante claridad en la relación y el papel de la maternidad. El orgullo de una madre es un ejemplo específico de una realidad espiritual general. Hay muchos otros ejemplos. Sin embargo, si no se entiende, se confiesa y se detiene adecuadamente, el orgullo, incluso el orgullo de una madre, puede hundir profundamente a una familia.

Dos ejemplos bíblicos, uno negativo y otro positivo, ilustran cómo dos madres diferentes lidiaron con el orgullo. Salomé fue una madre cuyo orgullo se convirtió en un problema. Fue una fiel discípula de Jesús. Ella estuvo en la crucifixión de Jesús y también en la tumba vacía. (Véanse Mateo 27:56 y Marcos 16:1.) Era la esposa de Zebedeo y la madre de los apóstoles Santiago y Juan.

Salomé es la madre prominente en Mateo 20:20-28. El orgullo de una madre la impulsó a abusar de su cercanía a Jesús y a hacer una petición especial, una petición orgullosa, en nombre de sus dos hijos. No vio nada malo en su petición. Entonces, ¿qué pasaría si otras personas lo vieran como un intento de salir adelante? Por supuesto, Jesús dijo que no. Reprendió suavemente a Salomé y a su orgullo maternal. Y luego Jesús procedió a dar una de las mejores enseñanzas sobre el discipulado radical y cómo funciona la humildad entre sus discípulos y seguidores. El orgullo de Salomé fue demasiado lejos. Guiar a sus hijos adultos para que adoptaran una postura orgullosa no es natural. Ella se excedió en su postura con sus hijos y Jesús. Definitivamente fue demasiado lejos para Jesús. Su orgullo no fue un buen ejemplo, a pesar de que cayó en una mentira. La mentira era la creencia en la recompensa de la prominencia. Ella estaba tomando una decisión de juicio. ¡Y su juicio fue enjuiciado!

El segundo ejemplo es cuando la humildad de una madre fue mucho más allá de ella e impactó a su familia. Esta humilde madre no era otra que Jocabed, la madre de Moisés, Aarón y Miriam (los líderes espirituales de Israel) y la esposa de Amrán el levita. (Véase Éxodo 2:1) Nótese que en la Torá el nombre de esta mujer ni siquiera se da en la historia de Moisés y los juncos. Su nombre solo aparece dos veces en la Torá y en ninguna otra parte de la Biblia. (Véase Éxodo 6:20 y Números 26:59.) Pero ella era especial.

La historia cuenta cómo salvó a Moisés de ser asesinado por los soldados del faraón egipcio. (Véase Éxodo 2:1–10.) En un extraño giro, "el libertador de Israel fue liberado"[7] por su madre. Ella entregó a su precioso hijo con fe y lo puso en una canasta en el Nilo. Ella lo cuidó durante no más de tres años, luego lo entregó para ser príncipe de Egipto, sin saber qué le sucedería. Ella confió humildemente en Dios para el futuro de su hijo y rápidamente dejó esta vida. Nunca más volvemos a saber de ella.

Esta increíble mujer, Jocabed, fue una madre cuya humildad se convirtió en un patrón. ¿Qué clase de influencia tuvo esta mujer para que sus tres hijos fueran los tres principales líderes religiosos de una multitud de millones de personas en un viaje a la Tierra Prometida de Israel? Su hijo Moisés, el libertador, fue descrito en la Biblia como el hombre más manso de la Tierra (véase Números 12:3). Su hijo Aarón fue el primer sumo sacerdote de Israel, y Miriam era conocida como profetisa. Estos tres eran pesos pesados en su sociedad. ¿Qué madre no querría dar a luz a tres hijos así? Jocabed era una madre que pensaba más allá de sí misma y de sus necesidades. Su ejemplo de humildad inició un modelo en su familia que duró más allá de su vida. Incluso los hijos de sus hijos, y sus hijos, y los hijos de sus hijos fueron impactados por su humildad. Fueron lanzados al futuro con la humildad como sello distintivo, viniendo de su madre.

Así que hemos visto un ejemplo negativo de orgullo maternal y un ejemplo positivo de humildad maternal. ¿En qué punto nos encontramos hoy? Nos mantenemos firmes en el principio de que el carácter de una madre se refleja en sus hijos. Como dice Rick Warren: "Esta es la verdadera humildad: no pensar menos **de** nosotros mismos, sino pensar menos **en** nosotros mismos".[8] Esta actitud era ciertamente verdad en Jocabed, y ciertamente necesaria con la petición de Salomé para sus hijos.

El orgullo es un pecado. Como todo pecado, necesita ser expiado, o pagado por él, ante Dios. Todos, incluidas las madres, debemos confesar nuestro pecado de orgullo, y arrepentirnos, dar la vuelta, para que podamos ser perdonados. Dios odia el pecado de la soberbia. Se regocija en la humildad de sus hijos.

# PREGUNTAS DE REFLEXIÓN:

1. Madres, ¿qué ejemplo están dando a sus hijos? ¿Eres como una madre orgullosa cuyos hijos fueron llamados los Hijos del Trueno por el mismo Jesús? ¿Eres como una madre humilde cuyos hijos gobernaron una nación con humildad y mansedumbre?

2. Si el orgullo impactó a las madres de esa manera, ¿qué podría hacerte a ti? ¿Cómo puede impactar el orgullo en un padre? ¿Un abuelo o una abuela? ¿Un hermano o hermana? ¿Un niño? ¿Cómo puede impactar el orgullo intergeneracional en tu familia?

# ORACIÓN

*Mi querido Padre celestial,
Por favor, protégeme a mí y a mi familia del pecado del orgullo.
Ayúdanos a caminar en humildad ante ti. Confieso que el orgullo ha hecho mella en mi familia y en mí mismo. Por favor, permíteme hacer expiación del orgullo a través del sacrificio de Jesús, tu hijo. Confieso mi orgullo y el orgullo de mi familia. Me arrepiento de ser orgulloso. Quiero darle un giro a mi vida e ir en la dirección en la que estás. Por favor, dame a mí y a mi familia el don de la humildad.
En el nombre de Jesús oro. Amén.*

# CAPÍTULO TERCERO

# PÁJAROS ENOJADOS

¿Qué es ese grito? ¿Qué pasa? Es el sonido de los pájaros que vienen hacia ti. ¡Qué escena tan extraña! ¡Estamos empezando a entrar en pánico! ¡Los pájaros vienen por nosotros! La película de terror de Alfred Hitchcock *Los Pájaros* nunca pierde su efecto en el espectador. Los pájaros, que normalmente son vistos como criaturas no amenazantes, se vuelven contra nosotros. En nuestras familias, los pájaros que vienen por nosotros, y hacia nosotros, son agentes de miedo y muerte.

Estas aves son tus hijos. Estos pájaros están enojados... ¡Enojados contigo! Algunos padres han desviado cualquier tipo de ayuda porque también están enojados. Otros padres, en cambio, asumen cualquier tipo de ayuda. Estos padres también están enojados. Todos los padres están enojados. Todos los niños están enojados. Hay mucha rabia para todos. ¿Qué hacemos?

Lo que hacemos es *parar*. Nos detenemos para ver los pájaros. Nos detenemos a ver las reacciones, los resultados. Tratamos de entender de dónde viene toda esta ira. Nos detenemos. No hacemos nada.

Nos detenemos a ver a los pájaros, realmente los vemos por lo que son. Estas aves se acercan a nosotros en muchas condiciones. Llevan números de atletas, pieles de leotardo y el extraño "look" de viernes. Está el tipo gracioso y amoroso, el tipo sin gracia y sin amor, el cargado después del día siguiente, el extrovertido soleado, el anhelante y arrepentido, el tipo en constante búsqueda, el tipo que adivina está en orden, hasta la saciedad, sui generis. Todos pasan y todos están enojados. ¿Qué hacemos? Tratamos de entender. Y no hacemos nada.

La ira es otro pecado que nos afecta a nosotros y a nuestros hijos. La ira también está en la lista de pecados capitales o que quitan la vida. La ira es un pecado que nos drena de energía y nos deja deprimidos y agotados. La ira también se llama furia y rabia. La ira es "un estado emocional intenso que implica una respuesta fuerte, incómoda y no cooperativa".[9]

La ira es definida por la Asociación Americana de Psicología como "una emoción caracterizada por el antagonismo hacia alguien o algo que sientes que te ha hecho mal deliberadamente".[10] Al igual que el orgullo, la ira puede ser tanto buena como mala. La ira puede ser buena cuando se manifiesta como una justa indignación, pero mala como una rabia incontrolada. La ira es una emoción que se acumula y explota hacia afuera o hacia adentro. Ambas son reacciones peligrosas y destructivas. Si explotas hacia afuera, quemas todo a tu paso. No hay una expresión controlada de ira externa. Explotas. Dices cosas que son hirientes y queman todo el terreno impactado. Si explotas hacia adentro, te conviertes en la víctima voluntaria de la depresión. La depresión es la ira vuelta hacia adentro. Es catastrófico para ti. Te quemas por dentro mientras todo lo demás parece ir bien.

La ira también tiene un reloj. Un episodio de ira puede suceder en un momento, o puede durar toda la vida. De cualquier manera, es mortal. La ira es el único pecado que mata a su víctima: vas rápido en una ráfaga o lentamente en una combustión hirviente. La ira es un pecado muy destructivo.

En la Biblia encontramos una historia de ira con consecuencias de largo alcance. Contada en 2 Samuel 13, comienza como una historia sobre la lujuria (un pecado que exploraremos en otro capítulo), pero la ira está detrás de escena, creando caos. Tamar, la hermana de Absalón, se presenta al lector como una hermosa joven. Amnón, el hijo mayor del rey David y heredero al trono, se enamora (¿lujuria?) de su hermanastra Tamar y termina cometiendo una violación incestuosa contra ella. Aquí es donde comienza el ciclo aparentemente interminable de la ira.

Después de todas las conspiraciones, posturas y mentiras, Amnón viola a su media hermana, pero se encuentra detestándola. Su amor por ella se convierte en odio y este odio conduce a la ira. Él la echa fuera, literalmente, y en su ira, la repudia y la humilla. Tamar tiene el corazón roto y se siente usada y abusada. Ella también está enojada, pero en su situación de impotencia, esta ira se vuelve hacia adentro y se convierte en una mujer desolada. Experimenta depresión y se queda sola. El aislamiento es el peor tratamiento para la depresión. La Biblia dice que ella vivió en la casa de su hermano Absalón en desolación, y nunca más volvemos a saber de ella.

Cuando el rey David se entera del episodio, él también se enfada, pero por diferentes razones. Curiosamente, la Biblia guarda silencio cuando se trata de una respuesta al incidente por parte del mismo David. No hizo nada. Nada para disciplinar a Amnón por su acción y nada para atender las necesidades de su hija Tamar, que se revolcaba en una profunda depresión. No hizo nada con respecto a la gran ira que se acumulaba en su hijo Absalón. David podría haber sido una influencia positiva en esta situación y hacer todo lo que estaba a su alcance para calmar la tormenta de ira que había llegado a su familia. Pero no hizo nada. Este tema, sorprendentemente, no se aborda en la Biblia. La historia de la ira de David se detiene en la narración bíblica.

Muchas veces, como padres, cuando nos enfrentamos a una situación de ira desenfrenada, no hacemos nada. Nuestra pasividad viene como resultado de tener que enfrentar un muro abrumador de ira y sus consecuencias. Nos sentimos incapaces de hacer algo frente a todas las emociones elevadas en juego, así que no hacemos nada. Tenemos fuertes sentimientos por el bienestar de nuestros hijos, y estos oscurecen el hecho de que la ira debería hacernos responder. Nos imaginamos que si dejamos que esto pase para que todos puedan llegar a su estado emocional normal, todo estará bien y las emociones y la ira simplemente se desvanecerán. ¡No!

El mayor problema para David estaba a punto de desmoronarse. Su hijo Absalón, que tenía mucho a su favor, estaba profundamente herido y resentido por el trato que su hermano le daba a su hermana. Estaba muy enojado, pero mantuvo su ira reprimida durante dos años. Entonces golpeó. Asesinó a su hermano Amnón, el heredero al trono. Su profundo odio por Amnón se puso de manifiesto cuando lo asesinó. La ira de Amnón hacia su hermana Tamar, cuya ira hacia Amnón se volvió hacia adentro, quien enfureció a Absalón hasta el punto de cometer un asesinato, fue silenciosamente pasada por alto por la ira de su padre David. ¡Qué tremenda novela!

Podemos aprender varias lecciones de esta trágica historia. Primero, la ira viene debido a malas decisiones. Amnón tuvo una gran vida. Todo lo que tenía que hacer era concentrarse en ser el próximo rey. Lo tenía en la bolsa. En cambio, eligió ser tentado por ella deseo irreal de tener relaciones sexuales con su media hermana. Si bien este tipo de incesto era inusual en ese momento, podría haberlo hecho de la manera correcta y pedirle a su padre que le permitiera casarse con él. Sin embargo, él no quería casarse con ella; Solo la quería para una aventura de una noche. En cambio, escuchó malos consejos, mintió e inventó un escenario que lo llevó a violar a su hermana y luego a una ira incontrolable. Esta ira lo llevó a deshonrar a su hermana y echarla de su casa. El texto nos dice: "Y Amnón aborreció a Tamar con tal intensidad, que el odio con que la odiaba era mayor que el amor con que la había amado" (2 Samuel 13:15). Explotó de ira alimentada por su odio.

Una pregunta interesante que surge en este punto es por qué Amnón no tenía remordimientos. No se sintió mal por la situación, ni sintió ninguna emoción hacia su hermana víctima. Demostró una inmensa falta de responsabilidad por sus acciones. Su orgullo se manifestaba en su narcisismo. Su ira parecía ser del tipo que es "espontánea del momento". Te estallas, explotas y luego sigues como si nada hubiera pasado. En su mente, el incidente había terminado. Tomó muchas malas decisiones, una tras otra, sin pensar en el impacto que tendrían en él, en su padre, en su hermana o en Absalón, su hermano peligroso y mortal.

En segundo lugar, para Tamar las cosas eran diferentes. Donde terminó la ira de Amnón es donde comenzó la de ella. Parecía ser una joven típica con sueños y aspiraciones como hija del rey. Anticipó el día no muy lejano en que algún joven apuesto vendría y se casaría con ella. Esperaba con ansias el día en que sería bendecida con muchos hijos.

# PÁJAROS ENOJADOS 27

Pero en realidad, estaba obligada a cuidar de su hermano enfermo. Le gustaba Amnón y las conversaciones que tenía con ella y con los demás. Sabía que él sería el rey después de su padre, así que quería asegurarse de que fuera feliz. Ella fue a su casa a cocinar para él y a ministrarle lo mejor que sabía. En cambio, se sorprendió al descubrir que su medio hermano quería irse a la cama con ella. Ella le dijo que le pidiera permiso a su padre para casarse. (Véase 2 Samuel 13:12–14.)

Las mujeres hebreas veían la castidad como su mayor honor.[11] Luchó por su honor. Ella le dijo a Amnón: "No me humilles" en el hebreo original. Ella dio tres poderosas razones por las que él debería detenerse y considerar sus acciones. En primer lugar, citó a la opinión pública. La moral hebrea no toleraría este acto. En segundo lugar, declaró que el acto era inicuo y que Dios no lo aprobaría. Y tercero, este acto lo convertiría en un tonto.[12] Lo convertiría en un estúpido. Finalmente, le dijo que le pidiera permiso al rey. Amnon hizo caso omiso de sus deseos y la violó. Luego ella le dijo que no podía echarla pero que debía lidiar con las consecuencias de sus acciones. El la echó de su casa por la fuerza. Ella reaccionó con ira, rasgó sus vestiduras y buscó a su hermano Absalón (2 Samuel 13:18-20).

Tamar fue la víctima perfecta. No hizo nada malo. Fue víctima de agresión sexual y, como han demostrado las investigaciones modernas, sabía quién era el depredador en su familia.[13] Sorprendentemente, estaba dispuesta a seguir adelante y ser la esposa de su hermano. Estaba dispuesta a sacrificarse a sí misma y a sus deseos por su honor en público. Sin embargo, Amnón la despreció y la dejó sola, como una viuda sin marido ni hijos.

Pero esto no era natural para ella, no hubo boda, no hubo celebración. Nadie entiende por lo que pasa una víctima de violación. Era inocente. Sin embargo, ella cayó, comprensiblemente, a la presión de los pecados contra ella y se enojó. . . y volvió su ira hacia adentro. Como víctima, necesitaba ayuda desesperadamente. Ahora sabemos que no podía culparse a sí misma por lo que sucedió. Aun así, no había nadie que la ayudara.

Así que Tamar optó por dirigir su ira hacia adentro. Por supuesto, esta era una situación difícil y ella no tenía la madurez o el conocimiento para lidiar con esta situación en su vida. Pero también se convirtió en víctima de la ira. No sabemos cómo le fue el resto de su vida, pero podemos especular con seguridad que la suya no fue una vida feliz.

En tercer lugar, Absalón era un caso más sofisticado de mala toma de decisiones. También se sorprendió por la situación que le trajo su hermana, pero su respuesta fue demorar. Le dijo a su hermana que se callara y que dejara pasar esto, ya que Amnón era familia (2 Samuel 13:20). Esta respuesta negativa fue una forma diferente de dirigir la ira hacia adentro, y en realidad hizo que su ira se enconara. No habló con su padre sobre esto. Pasó dos años soportando a Amnón y pensando que llegaría el tiempo de su hermano. Y así fue, cuando nadie recordaba lo que había sucedido, excepto los implicados. La ira latente de Absalón hizo que tomara la decisión errónea de tomar la justicia en su mano y asesinar a su hermano, al estilo justiciero del oeste de EEUU.

En cuarto lugar, el rey David tomó la última mala decisión como resultado de esta situación. Él también estaba sorprendido por los acontecimientos y se enfadó bastante. ¡Pero no hizo nada! La Septuaginta, la versión griega del Antiguo Testamento, añade lo siguiente al texto del versículo 21: "Pero no entristeció el espíritu de Amnón, su hijo, porque lo amaba porque era su primogénito".[14] Parece que él está negando con sus acciones que algo de esto haya ocurrido alguna vez. Sí, Amnón es culpable de violación. Sí, Tamar es un caso perdido como resultado. Sí, Absalón está enojado. Pero David no hace nada. Su amor por su hijo mayor supera la situación. Ante Dios, su decisión de ignorar la situación es la peor de todas. Él pone en movimiento las palabras proféticas del profeta Natán en el capítulo anterior: "Ahora, pues, la espada no se apartará de vuestra casa [familia]" (2 Samuel 12:10).

La ira mueve a la gente a hacer cosas malas. La lujuria y el orgullo movieron a Amnón a violar a Tamar, pero fue la ira la que la alejó de él. La ira movió a Tamar a deprimirse profundamente porque estaba indefensa y no se le asignó justicia. Absalón se enfureció y asesinó a su hermano Amnón. David estaba furioso, pero no hizo nada. Vemos a todas estas personas enojarse y hacer cosas malas como resultado.

El efecto de los pecados capitales en esta situación se agravó. La lujuria y el orgullo hicieron su parte para magnificar el efecto de la ira. La ira resultó en una respuesta diferente en la vida de cada uno de los afectados por esta ira. El impacto de la ira en las vidas de Amnón, Tamar, Absalón y David se magnificó en sus vidas hasta el punto de tener consecuencias nefastas.

¿Alguna vez has tenido que lidiar con el efecto de bola de nieve que crea la ira? Tal vez en tu casa o en tu lugar de trabajo, alguien sabe qué botones presionar para que te enojes. ¿Alguna vez has pensado a dónde te llevará esa ira? ¿Alguna vez has pensado en las consecuencias de tu ira? A veces pensamos que podemos enfadarnos y ya está. A veces olvidamos que la ira puede seguir y seguir sin nuestro conocimiento y afectar a otras personas de maneras que nunca imaginamos.

Vivimos en una época en la que generaciones enteras de jóvenes, los Milenarios y la generación Z, parecen estar continuamente enfadados. Muchos ni siquiera saben de dónde viene esta ira. La ira está ahí. Las experiencias que causaron esta ira son demasiado hirientes para procesarlas y, por lo tanto, están enterradas en su subconsciente. El cerebro tiene muchas formas de procesar la ira. Muchas no son saludables ni útiles.

"La ira adolescente es una cosa de leyenda".[15] Esta frase marca las primeras palabras de un artículo sobre la ira adolescente. Aquí no hay sorpresas. La ira y los adolescentes proporcionan un par de ideas interesantes en el mejor de los casos.

> Encontrar formas saludables de procesar la ira puede ser un desafío incluso para los adultos más maduros, pero para los adolescentes la biología crea una capa adicional de dificultad. Aunque en el exterior los adolescentes pueden parecer (e insistir en que son) adultos, sus cerebros y cuerpos todavía están creciendo.[16]

Lauren Allerhand, psicóloga clínica del Child Mind Institute, afirma: "La corteza prefrontal, que es la parte de nuestro cerebro involucrada en la resolución de problemas y el control de los impulsos, no está completamente desarrollada hasta mediados o finales de los veinte".[17]

Los adolescentes también están llenos de hormonas como la testosterona y el estrógeno, que pueden tener un impacto significativo en el estado de ánimo. Cuando los niños toman decisiones impulsivas o parecen estar reaccionando de forma exagerada a pequeñas provocaciones, puede ser útil recordar que están biológicamente menos equipados para manejar sentimientos abrumadores, como la ira, que los adultos.[18]

Por lo tanto, para los adolescentes y adultos jóvenes, el problema de la ira se ve agravado por otros factores como la biología y otros problemas globales que también afectan a todos. Estos temas incluyen "la lucha en curso contra la injusticia racial, los temores sobre el cambio climático y la incertidumbre sobre lo que depara el futuro".[19] Por lo tanto, el problema de la ira se ve exacerbado por los problemas sociales que todos enfrentamos y las situaciones en las que nos ponen.

La ira tiene consecuencias duraderas. La reacción en cadena a la ira afecta a todos los que la rodean. Tal vez Amnón fue el único que pensó que la situación había terminado cuando echó a Tamar de su casa. Tal vez pensó que Tamar lo superaría y lo olvidaría. Pero se equivocó. Había puesto en marcha una reacción en cadena y no tenía ni idea de dónde terminaría. La ira comenzó con Amnón, luego Tamar, luego Absalón, luego David, luego saltó a una serie de eventos que causaron que David huyera de Jerusalén mientras huía de Absalón, quien fue asesinado por Joab al final. Todos en ese círculo fueron impactados por la ira de Amnón, que se irradiaba para impactar a otras personas a su alrededor.

Todo esto fue producto de los pájaros enojados. Estos pájaros enojados reaccionan irracionalmente a la situación y a quienes los rodean. El producto final es que el sistema familiar queda en ruinas. Por lo tanto, la próxima vez que te enfadas, mira a tu alrededor para ver a quién está afectando tu ira. Fíjate en cómo tu ira está afectando a tu familia. Fíjate en cómo la ira te lleva a tomar una mala decisión. ¿Eres como Amnón, que sigue con la vida como si nada hubiera pasado? ¿Eres más como Absalón, que se enoja y hierve durante años antes de hacer algo destructivo a los demás? ¿Eres como Tamar, que llevó su ira hacia adentro y experimentó una profunda depresión por el resto de su vida? ¿O eres como el rey David, que se enfadó y no hizo absolutamente nada para mejorar la situación? Cualquiera que sea tu situación, necesitas lidiar con tu ira ahora.

Entonces, ¿qué pájaro enojado de estos es tu semejanza? ¿Alguna vez has sido como Amnón, que amó, luego odió, y en su ira explotó? ¿Has sido como Tamar, una víctima de la ira que implosionaba y lo contenía todo, viviendo con depresión? ¿Has sido como Absalón, el de la reacción airada tardía? ¿Has sido como David, que aunque estaba enojado, no hizo nada? ¿Cuál te describe mejor?

Al igual que Elí el sumo sacerdote, y Samuel el profeta antes que él, David, el gran rey, fracasó en disciplinar a sus hijos. Hoy en día, muchos hombres en posiciones de poder tienen el mismo problema con sus hijos. Están demasiado ocupados con lo público que no tienen tiempo para ocuparse realmente de lo privado. Estas faltas en la disciplina tienen graves consecuencias. David se enteró por las malas. El tiempo se toma su tiempo para asegurarse de que todo el pecado salga a la luz y sus consecuencias.

Como señala Robert Bergen en su comentario: "Los pecados de

una generación dejan huella en la siguiente generación. Cada pecado no solo fomenta más pecado, sino que también lo moldea al proporcionar precedentes para que otros lo sigan".[20] Así que David se preparó para el fracaso personal y familiar sin hacer absolutamente nada. Nótese que esta nunca fue la intención original de David. Esta fue una reacción a sus acciones pecaminosas y sus paralelos. Lo que hizo impactó a otros a su alrededor de muchas maneras. La ira, sin control, se encargó de las acciones de sus pájaros enojados. Esto también le puede pasar a usted y a su familia.

Encontrar la respuesta para remediar los efectos y resultados de la ira es difícil. Las únicas acciones que revertirán los efectos de la ira son el amor y el perdón. El mal hecho debe ser perdonado. Para que ocurra el perdón, cada mal debe ser expiado ante Dios y el hombre. El problema con David y su familia es que no buscaron el perdón. El perdón por las malas obras del hombre dentro del hombre y el perdón ante Dios. David y los miembros de su familia no buscaron a ninguno de los dos. Su pecado de ira no fue expiado en absoluto. Dios les habría perdonado por su ira. Dios podría haberles hecho experimentar diferentes resultados en este ciclo. Pero nunca dijeron que se arrepentían de su ira. Nunca experimentaron la paz.

# PREGUNTAS DE REFLEXIÓN:

1. ¿Cómo te afecta la ira? ¿Explotas y quemas tu entorno y a los que te rodean? ¿Tomas el control en silencio y vuelves tu ira hacia adentro?

2. ¿Cómo cree que afecta la ira a sus hijos? ¿Te afecta su ira y su respuesta a la ira? ¿A qué te dedicas?

3. ¿Qué malas decisiones has tomado debido a la ira? ¿Cómo cambiarías la situación para que la ira no sea la causa de los resultados?

4. Cuando te enojas, ¿buscas el perdón?

## ORACIÓN

Mi querido Dios en el cielo,
Por favor, pon un espíritu de amor y perdón en mí y en mi familia. Que la ira nunca hunda a mi familia como hundió a la familia del rey David. Por favor, que mi familia sea amable y amorosa en todo lo que hacemos. Confieso que me enfado y no respondo bien. Confieso que mi familia está enfadada y también responde negativamente. Por favor, perdónanos. Por favor, muéstranos tu amor para expiar este pecado. Que el sacrificio de Jesús también cubra y expíe este pecado de ira.
Ruego estas cosas en el nombre de Jesús. Amén.

# CAPÍTULO CUARTO

# VIVIENDO EN UN RÍO LENTO

Una de las criaturas más asombrosas del reino animal es la hormiga. Desde la antigüedad, este pequeño insecto se ha convertido en un ejemplo de buena gestión del tiempo e industria. De hecho, el comportamiento de la hormiga se ha convertido en un ejemplo para innumerables generaciones de humanos. ¿Por qué? Porque la hormiga encarna el antídoto contra el fracaso del carácter que llamamos pereza. De acuerdo con Proverbios 6:6-11, se le dice a uno que vaya a la hormiga para recibir una lección:

¡Ve a la hormiga, holgazán!
Observa sus caminos y vuélvete sabio.
Sin líder, administrador o gobernante,
prepara sus provisiones en verano;
Recoge su alimento durante la cosecha.
¿Cuánto tiempo te quedarás en la cama, holgazán?
¿Cuándo te levantarás de tu sueño?
Un poco de sueño, un poco de dormir,
un pequeño cruce de los brazos para descansar,
y tu pobreza vendrá como un ladrón,
tu necesidad, como un bandido.

El escritor de Proverbios explica que sin ninguna organización

# VIVIENDO EN UN RÍO LENTO

institucional, la hormiga recolecta alimento en verano para el invierno. Luego, el escritor se dirige al holgazán con una advertencia de que se levante o se enfrentará a dificultades financieras. La pequeña hormiga demuestra la necesidad de hacer lo correcto en el momento adecuado. John Ortberg define la pereza como "el fracaso de hacer lo que hay que hacer cuando hay que hacerlo".[21] Ortberg cree que el pecado de la pereza se desliza muy gradualmente en una vida desprevenida. La hormiga pequeña y modesta es un ejemplo activo de cómo debemos vivir y seguir adelante.

Por el contrario, otro de los animales más interesantes es el perezoso. Este es uno de esos casos únicos en los que el nombre del animal retrata una de sus principales características: la pereza. Este animal parece tardar una eternidad en hacer cualquier cosa. Según el Fondo Mundial para la Naturaleza: "Los perezosos, los perezosos habitantes de los árboles de América Central y del Sur, pasan sus vidas en las selvas tropicales. Se mueven a través del dosel a una velocidad de aproximadamente 40 yardas por día, masticando hojas, ramitas y brotes. Los perezosos tienen una tasa metabólica excepcionalmente baja y pasan de 15 a 20 horas al día durmiendo. Y, sorprendentemente, los animales de brazos largos son excelentes nadadores. De vez en cuando se dejan caer desde las copas de los árboles al agua para remar."[22] ¿Te imaginas moverte solo 40 yardas en un día? ¿Te imaginas darte un chapuzón por la tarde? Bueno, ¡puedo pensar en algunos adolescentes a los que les gustaría hacer eso!

Los perezosos realmente hacen honor a su nombre. Sus garras curvadas les permiten colgarse como una hamaca de la rama de un árbol durante horas sin ningún esfuerzo por su parte. Estos animales son difíciles de encontrar en el dosel del bosque porque se mezclan naturalmente con su entorno. Su pereza les da la característica de unidad dentro de su contexto.

El pecado de la pereza es un pecado interesante e inusual. Este pecado no parece ser un pecado en absoluto. De hecho, la Biblia rara vez lo menciona. ¿Cómo se convirtió este pecado aparentemente inocuo en uno de los siete pecados capitales? Un viejo proverbio inglés dice: La ociosidad es el padre de todos los vicios.[23] Quiero decir, ¿quién consideraría un poco de relajación como pecado, verdad? Este pecado puede no parecer mucho en el papel, pero las consecuencias de la pereza conducen a la pobreza y el hambre, lo que resulta en destrucción y muerte, como puede atestiguar la Biblia. (Véase Proverbios 14:23; 18:9; 19:15; y 24:30–34.)

Irónicamente, en nuestra cultura actual, los comportamientos negativos por este pecado de pereza son presentados y aplaudidos como comportamientos positivos. Por ejemplo, todos estamos familiarizados con los videojuegos. Estos no son malos en sí mismos, pero nuestra sociedad considera normal pasar horas jugando estos juegos. Lo mismo ocurre con las series de televisión en exceso. Uno puede pasar fácilmente horas al día viendo atracones televisivos, y nadie piensa que esto es malo. Por lo tanto, debemos mirar más cuidadosamente este pecado que llamamos pereza.

Las personas mayores también son propensas a ser capturadas por este suave pecado. Uno está trabajando activamente un día y se "jubila" al día siguiente. Para muchas personas, este evento ocurre cuando llegan a la edad de sesenta y cinco años. De repente, se detienen. Dejaron de hacer lo que antes estaba en su lista de hábitos. Luego, poco a poco, con el tiempo, hacen cada vez menos. De repente, la televisión se vuelve más importante en sus vidas. Internet y las redes sociales toman un papel principal, y pronto se vuelven adictos a estos dispositivos. Su dieta cambia. Ya no les interesa el ejercicio físico. Saben que los efectos de este estilo de vida acortarán sus vidas, pero siguen siendo perezosos. Muchos de ellos engordan. (Más sobre la gula en un próximo capítulo). Muchos comienzan a demostrar los efectos nocivos de la pereza en su salud a medida que se deteriora. En menos de un año están esperando perezosamente el día en que sean llamados a la presencia de Dios. Poco a poco se han convertido en personas que personifican a la pereza.

### ¿Qué es la pereza?

La pereza, o su nombre más formal de *acedia*, o un nombre más informal, *flojera*, se define de esta manera. *Acedia* proviene del griego *akedia*, que se deriva de *a*, que significa "falta de" y *"kedia"* que significa "cuidado". Esta "falta de cuidado" ha sido definida como "un estado de apatía o letargo, de no preocuparse o no preocuparse por la posición o condición de uno en el mundo".[24] De hecho, muchas personas piensan que la acedia es la antigua representación de condiciones psicológicas como la pereza, la apatía, el hastío o el aburrimiento.[25]

Muchos psicólogos ven la acedia como una de las principales causas de la depresión. La sensación de falta total de atención es el comienzo de la depresión. Uno descubre que ha perdido la voluntad o el propósito de vivir la vida. Muchas personas en sus últimos años sufren de este problema psicológico y espiritual. Muchas personas mueren simplemente porque perdieron las ganas de vivir. Esto sucede porque se encuentran sentados en su sala de estar sin ningún propósito que los alimente.

Así que tenemos un popurrí de términos para elegir: acedia, pereza, flojera, retraso, desesperación, negligencia. Todos estos son sinónimos del pecado de la pereza. Se dice que la acedia, o pereza, es "el disgusto ingrato de la vida, el sentimiento general de apatía e irritación que surge de un tono corporal bajo".[26] Los primeros monjes lo describieron como una pesadez o cansancio del corazón.[27] Algunos de los ancianos describieron este síntoma como el "demonio del mediodía" del que se habla en el Salmo 91.[28]

No es sorprendente que el demonio de la acedia ocupe un lugar importante en la demonología monástica primitiva. Evagrio del Ponto (345-99 d.C.), un monje de finales del siglo IV, lo caracterizó como el más problemático de los ocho géneros de malos pensamientos.[29] Desde los primeros tiempos en la iglesia, la acedia ha sido catalogada como un pecado muy grave. Pero este pecado está vivo y coleando hoy en día, tal como lo estaba en la iglesia primitiva. Sin embargo, nadie lo toma en serio.

Dante hace uso de la acedia en la *Divina Comedia* como el pecado que lo lleva al borde del infierno para comenzar su descenso a él.[30] Este fue el gran pecado de Dante. No parece un pecado en absoluto, pero abre la puerta a todos los demás pecados. Esto sí que es un pecado horrible. ¡Pero nadie se lo toma en serio!

Chaucer también se ocupa de este pecado en su literatura. Para Chaucer, la acedia incluye la desesperación, la somnolencia, la ociosidad, la tardanza, la negligencia y la pereza.[31] ¿Te suena? Chaucer vio a la acedia languideciendo y conteniéndose. La persona perezosa se niega a aceptar las obras de bien porque son demasiado penosas o demasiado difíciles de sufrir. La acedia era enemiga de toda fuente y motivo de trabajo.[32] La acedia es vista como una alienación del mundo y, en última instancia, de uno mismo. Es un camino muy amargo de seguir hasta el final. Esto se describe como un estado de inquietud, de no vivir en el presente y ver el futuro como abrumador.[33] Ahora, ¿quién querría eso para alguien de su familia? Para las personas jubiladas este pecado es muy engañoso. Debo decirte que, sorprendentemente, incluso yo casi sucumbí a la pereza. A principios de mis sesenta años, viví una época en la que estaba completamente desempleado. Mi esposa ya se había jubilado, pero ambos sentimos que había más trabajo y ministerio para mí en el futuro. Éramos financieramente estables, así que no necesitaba trabajar. Me despertaba cuando quería, comía lo que quería, hacía lo que quería, me iba a la cama cuando quería.

Parecía el mejor lugar de relajación de mi vida. ¡Esta era la verdadera jubilación! Sin embargo, pronto estaba sentado en mi reclinable pensando profundamente en mí mismo. Me di cuenta de que cada vez pasaba más tiempo sin hacer nada. Si me conoces, sabes que nunca he pasado tiempo sin hacer nada. De hecho, mi Desorden de Deficiencia de Atención dictaba que hiciera algo y luego cambiara a otra cosa, así que solía hacer mucho en un día. Daba largos paseos, pero no tenía ganas de pensar ni de crecer mientras caminaba. Solo caminé. Solía leer vorazmente. Ahora me di cuenta de que apenas estaba leyendo mi porción diaria de la Biblia y tal vez uno o dos libros que consideré interesantes. Leía poco y más despacio. También me di cuenta de que cada vez pasaba más tiempo viendo la televisión. Estos programas eran una pérdida de tiempo, y yo lo sabía. De hecho, no podía recordarlos ni me construyeron mi persona de ninguna manera. Estaba viendo mis programas favoritos. Pasaba hasta diez horas al día viendo la televisión. Era cautivo de la pereza.

Esto parece inusual porque una persona muy productiva de repente estaba al margen sin hacer nada. Estaba perdiendo el tiempo. Lo sabía, pero como una adicción no podía deshacerme de él. Al final, me di cuenta de que era un cautivo del pecado. Este pecado necesitaba ser expiado. Oré al Padre para que me perdonara y me convirtiera en la persona productiva que había sido y que realmente era. Dios vino y mi vida cambió. Dejé de ser perezoso.

Entonces, ¿qué significa esto para su familia? ¿Cómo se manifiesta la pereza? En la Biblia, la *acedia* aparece algunas veces, pero con diferentes nombres. El Antiguo Testamento advierte de los resultados de la pereza en el libro de Proverbios muchas veces, cómo conduce a la destrucción de uno mismo y de los demás. (Véase Proverbios 12:24; 12:27; 18:9; y 19:15). El Nuevo Testamento trata con más dureza este pecado. En su parábola de los talentos, Jesús contó cómo el amo respondió al siervo que había escondido el talento (dinero) que le había dado al hombre: "¡Siervo malo y perezoso!" (Mateo 25:26). Y el amo condenó al hombre por no haber hecho nada con su dinero. Veamos con más detalle esta parábola que Jesús compartió con sus discípulos unos días (en realidad tres días) antes de su crucifixión. Debe de haber sido importante.

Primero, permítanme darles un poco de contexto. Jesús estaba viviendo su última semana en esta tierra antes de su muerte y resurrección. Pero él era el único, además de Dios, que conocía los acontecimientos que estaban por venir. Sus discípulos estaban completamente a oscuras. Ese martes de la semana de Pascua, los discípulos estaban en plena preparación para la venida predicha del Mesías. Sabían que algo iba a pasar, pero no sabían qué. El martes fue un día ajetreado para Jesús y sus discípulos. Jesús acababa de pronunciar su

# VIVIENDO EN UN RÍO LENTO

mordaz denuncia contra los fariseos, saduceos y escribas. Acababa de mirar a Jerusalén cuando salían del templo y ascendían al Monte de los Olivos, y lloró sobre la ciudad. Regresaban a Betania, que está al otro lado del monte de los Olivos.

En el camino (Mateo 24:1), los discípulos llamaron su atención al hermoso templo herodiano. Y esto hizo que Jesús iniciara uno de los seis discursos más largos de Mateo. Este pasaje es conocido como "el discurso escatológico de Jesús" o "discurso sobre el fin de los tiempos".[34]

Baste decir que las palabras de Jesús conmocionaron a los discípulos. Realmente no estaban entendiendo nada de eso. Así que comenzó a hablarles todo lo que está registrado en Mateo 23 y 24. Pero centrémonos ahora en una parte de este discurso. Es interesante que Jesús, al final de su tiempo antes de la crucifixión, les dice a los discípulos que uno de los peores pecados es la pereza. Cuenta la historia de un hombre que se fue y le dio a cada uno de sus siervos una suma de dinero. A uno le dio cinco talentos.

Ahora, tomemos un minuto para procesar este punto. Si tomas el peso de un talento en oro como 60 minas, entonces un talento pesaría 1,25 libras por 60 minas, lo que equivale a 75 libras.[35] Si usas el oro como la sustancia habitual que compone un talento, entonces un talento valía 75 veces el precio de una libra de oro hoy en día. En el momento de escribir este artículo, una libra de oro vale aproximadamente 22.000 dólares. Así que multiplicamos por 75 y obtenemos el valor de un talento en dinero de hoy, la cantidad de $1,650,000. El primer siervo recibe cinco talentos o $8,250,000. El siguiente siervo recibió dos talentos ($3,300,000), y el último siervo recibió solo un talento ($1,650,000). Esto debería darnos algo de perspectiva.

Entonces Jesús dijo que el amo volvía y llamaba a sus cuentas. El primer sirviente le dijo al amo que duplicó la suma, ¡y ahora tiene $16,500,000! El maestro se llenó de alegría. Elogió al siervo y le dijo que compartiera la alegría de su amo. El segundo siervo se adelantó para informar que él también duplicó su suma. ¡Había ganado $6,600,000! El amo respondió de la misma manera que el primero. Lo felicitó y le dijo que entrara en la alegría de su amo.

Ahora, el tercer sirviente es el que queremos ver en detalle porque la pereza jugó un papel importante en su muerte. ¡Este tipo tomó el único talento y lo enterró! Sus razones no son descabelladas y están muy cerca de nosotros. Podríamos decir que tenía sentido común. No era el tipo con la cabeza en las nubes que siempre pensaba en positivo. Era un realista. Vivía según los dictados de la razón. Realmente conocía a su amo.

Comenzó su explicación al maestro diciéndole exactamente eso. "Amo, yo te conozco". Y la verdad es que realmente pensó que lo hacía. Le dijo al amo: "Eres un hombre duro, que siegas donde no has sembrado y recoges donde no has esparcido semilla". Conocía el carácter del amo. Sabía que el amo era un hombre duro. Sabía que él era un egoísta, por lo que el amo también debía ser un egoísta. Sabía que esta era una situación en la que todos perdían. Si hacía un trueque y aumentaba el monto, entonces todas las ganancias irían al amo y no a él. Si perdía el dinero, tendría que enfrentarse a un amo enojado que estaba predispuesto a la violencia. De cualquier manera, perdió. Así que el tercer siervo hizo lo mejor que la razón le dictó en ese momento: escondió el talento en la tierra. Ni él ni su amo ganarían. Nadie perdería.

Y ese fue su primer error. Creía conocer a su amo. En realidad,

# VIVIENDO EN UN RÍO LENTO

nunca lo conoció. Nunca se dio cuenta de que estaba atribuyendo falsamente a su amo esta dureza poco amorosa. No se dio cuenta de que se estaba presentando a sí mismo como un mentiroso. Nunca supo realmente de los hechos. Algunos comentaristas creen que aquí el siervo estaba reprochando tácitamente a su señor por haberle dado demasiado poco para manejar en comparación con los demás.[36]

Muchas veces pensamos que podemos meternos en la cabeza de otra persona y resolverlo todo... equivocadamente. De hecho, creemos que estamos pensando por ellos y con ellos, que sabemos lo que están pensando y sintiendo. Sin embargo, nos equivocamos desde el principio. Mi esposa solía hacerme esto muchas veces antes de que la confrontara al respecto. ¡Estaba actuando como si supiera lo que estaba pensando! (¡Tantas esposas lo hacen!) Afortunadamente, dejó de comportarse así. Mucha gente hace eso hoy en día. Creen que tienen "el don" de pensar por los demás. Creen que saben lo que la otra persona está pensando.

Hoy en día, uno de los pecados que vemos en las familias es que las personas piensan erróneamente por otras personas. Los padres piensan por sus hijos. Los hijos piensan por sus mayores. Los abuelos piensan por los miembros de su familia y otras personas. Este pecado es malo porque crea un panel de mentiras y las trata como verdad. Luego, las personas hacen suposiciones clave en las relaciones basadas en esas mentiras. El siervo tenía una relación con su amo. Sin embargo, esa relación era defectuosa porque el sirviente estaba mirando la vida en un espejo y no en la realidad misma.

Como si eso no fuera suficiente, el sirviente dijo: "Así que tuve miedo y me fui y escondí tu talento en la tierra. Mira, tienes lo que es tuyo". ¿Por qué tenía miedo? Aquí es donde vemos el pecado de la pereza en acción. Tenía miedo de pagar un precio por hacer algo que pensaba que era desventajoso para él. Era egoísta y como egoísta, él pensó que no habría retorno para él en esta transacción. Así que optó por esperar. No hizo nada. No tenía que preocuparse por eso. A él simplemente no le importaba. Durante todo el tiempo que el amo estuvo fuera, este sirviente no tuvo que preocuparse con esta responsabilidad. Al final, el dinero estaba ahí, nada ganado, nada perdido. Acedia ganó la batalla.

La respuesta del maestro parece exagerada. Parece haber convertido un grano de arena en una colina para morir. Pero cuando examinamos los hechos, descubrimos la verdadera historia y los peligros de la pereza. El siervo dejó de ser útil en el momento en que comenzó a pensar egoístamente por sí mismo. Que un amo tuviera un sirviente inútil era algo inaudito en esa época. El sirviente había despilfarrado el único recurso que tenía y el único recurso que nunca recuperaría: el tiempo. En resumen, el sirviente no solo había perdido su tiempo, sino también el del amo. Esto no era bueno. Como ves, no puedes volver atrás y cambiar el tiempo. Todo lo que te queda es arrepentimiento.

El sirviente pagó caro su pereza. Fue arrojado a un lago de fuego. Fue repudiado. Nunca supimos si tenía familia. Nunca supimos si tenía trabajo. Todo lo que sabemos es que este pecado se extendió a todas las demás áreas de la vida y le dio finalidad a su vida.

Algunas personas piensan que la vida es como vivir en el río lento. Simplemente flotas y confías en que la corriente te guiará. Al igual que Timón y Pumba, los divertidos personajes de la película de 1994 *El Rey León* de Disney, y la canción que hicieron famosa, no tienes que preocuparte. ¡Akuna matata! [37] ¡No te preocupes! ¿Por qué

# VIVIENDO EN UN RÍO LENTO

preocuparse por cosas que no están bajo tu control? Calma. Bueno, es posible que te encuentres como mi hija cuando fuimos a un famoso parque acuático a pasar el día. Estaba flotando perezosamente en el río lento y luego la cámara de aire se volteó, golpeó el fondo bajo con la cabeza y causó un alboroto en todo el parque. Se había raspado la cabeza con el suelo y estaba sangrando. No puedes confiar en el río de la pereza. ¡Esta fue una lección difícil de aprender en un hermoso día!

La pereza puede causar estragos en tu familia de manera muy sutil. Este es el único pecado que abre la puerta a males mayores. Como dice el refrán: una mente ociosa es el taller del diablo. Mucha gente se sube a este río y parece que nunca se baja. Los niños de hoy están experimentando relaciones con sus teléfonos, sus tabletas, sus computadoras y otras tecnologías. Parecen hipnotizados por las imágenes que ven. Me gusta decir que están "ikonizados". ¿Por qué salir y sudar y calentarse cuando puedes experimentar la vida con esta pequeña máquina? El río se mueve lentamente, pero con seguridad, luego, muy lentamente, se los traga. Pasan los años y se encuentran aislados e indefensos. No tienen las herramientas ni la experiencia para arreglar esto. Han perdido su tiempo, el tiempo de sus padres y nuestro tiempo. Sí, nuestro tiempo. ¡Estamos todos juntos en esto!

Las personas mayores también se ven atrapadas en este pecado. Poco a poco deciden que no harán nada. Nada que merezca su tiempo y esfuerzo. Pronto son víctimas de los peligros de flotar a lo largo del río lento. Pronto una enfermedad como el cáncer los abruma. Pronto el proceso de envejecimiento se apodera de ellos y los supera. Pronto mueren . . . sin hacer nada.

Debes ser proactivo en tus reacciones. Tienes que ser exitoso en tus obras. En otras palabras, necesitas redimir los tiempos. ¿A qué me refiero? Todos esos proyectos que estás dejando en un segundo plano, no porque sean desvíos sino porque no quieres ocuparte de ellos en este momento, tienen que salir a la luz. Hable con su hijo o hija sobre su sexualidad. Háblales sobre su identidad de género. Háblales sobre sus políticas y sus elecciones. Háblales de Dios. Háblales de Jesús. ¡Háblales! ¡Habla!

## PREGUNTAS DE REFLEXIÓN

1. ¿Cómo se manifiesta la pereza en tu vida? ¿En la vida de tu familia? ¿Qué estás haciendo al respecto?

2. ¿Tienes una actitud de «sin preocupaciones» como Timón y Pumba? ¿Estás seguro de que no estás dejando que la acedia entre en tu vida?

3. ¿Te das atracones de programas de televisión? ¿Por qué lo haces? ¿Es la acedia la que se cuela en tu vida?

4. ¿Cómo ves el ejemplo del siervo que enterró el talento?

## ORACIÓN

*Mi amado Padre que estás en los cielos,*
*Por favor, perdónanos por no estar haciendo el trabajo. Por favor, perdona la pereza que hay en nosotros. Muchas veces, nos agitamos sin rumbo por la vida haciendo cosas que realmente no importan. Por favor, mantennos trabajando y ocupados para ti. Permita que el sacrificio de Jesucristo, su hijo, expíe la pereza que nos está afectando tan agudamente. Lamento haber perdido tanto tiempo. Por favor, permíteme encontrar mi propósito y el de mi familia.*
*En el nombre de Jesús, ruego esto. Amén.*

# CAPÍTULO QUINTO

## OJOS LUJURIOSOS

Acompáñame en un paseo por la planicie de la memoria hasta llegar la época en que yo tenía doce años. Como muchos niños de mi edad en ese momento, era un ávido lector de muñequitos. Dio la casualidad de que los editores de muñequitos lo sabían e insertaron varios anuncios de los artículos más extraños entre las páginas de mis muñequitos favoritos. Recuerdo haber leído con gran interés un anuncio de "gafas de visión transparente". Ahora bien, el atractivo de estas gafas consistía en que la persona que las llevaba podía ver a través de objetos concretos. ¿Te lo imaginas? ¡Uno se pone estas gafas y luego puede ver a través de todo! De hecho, mi mente gravitó hacia la imagen del anuncio: ¡se podía ver a través de la ropa de los demás! Rápidamente recorté el cupón, lo llené y lo puse en el correo con los cinco dólares necesarios para el pago. (¡La estafa no ha cambiado mucho!)

Después de interminables días de anticipación, el correo postal finalmente entregó mi artículo. Me sorprendió lo pequeño que parecía el sobre, pero eso no me impidió abrirlo rápidamente. Saqué las gafas (que estaban hechas de cartón y plástico) y las examiné, solo gafas de cartón con marcos de plástico barato. Las lentes eran de cartón con líneas en espiral en rojo con un pequeño agujero en el medio para mirar. Me los probé. No pasó nada. Supuse que tenías que estar en una situación de la vida real para que funcionaran. Los llevé

# OJOS LUJURIOSOS 51

a la escuela al día siguiente. ¡Y sucedieron cosas increíbles! Primero, cuando me puse las gafas y empecé a mirar a mi alrededor, la gente empezó a mirarme raro. Pero no gracioso, como, estás loco, sino no gracioso, como en, ¿por qué me miras así? La gente se cubría sus partes íntimas o miraba para otro lado. Esto era extraño. Las gafas empezaban a funcionar de verdad.

En segundo lugar, y aún más extraño, comencé a ver realmente a través de la ropa. Podía imaginar con el ojo de mi mente cómo se vería cada uno de ellos sin su ropa. Este me tomó por sorpresa. No esperaba que estas gafas funcionaran en absoluto, ¡y sin embargo lo hicieron! Miraba a todos los que no tenían ropa. Pensé por qué perder el tiempo en las personas poco interesantes y concentrarme en las chicas guapas de mi grado. Empecé a concentrarme activamente en ellas, y fue entonces cuando las cosas se pusieron realmente interesantes. Empezaron a retorcerse cuando las miraba. Se daban la vuelta y se iban, o me miraban y me insultaban por ser un pervertido.

En tercer lugar, y realmente extraño, es el momento en que el subdirector se dio cuenta de mí y de la situación que estaba causando. Corrió hacia mí y me dio un fuerte coscorrón. Me quitó las gafas, me agarró y me llevó a su despacho, donde debía cumplir mi detención. Cuando le pregunté qué había hecho, simplemente respondió que yo lo sabía muy bien. Cuando le dije que era solo una lente de cartón en un marco de plástico, me dijo que era solo la mitad de la historia. La otra mitad, dijo, sucedió en mi mente. ¡Era por el segundo evento que me estaban castigando!

Jesús sabía que este era nuestro estado natural. Si se nos diera la oportunidad, el ojo de nuestra mente o la imaginación llenarían los espacios en blanco intencional y pecaminosamente. Un lente de cartón inocuo con un agujero podría convertirse en algo peligroso en las manos equivocadas. Cualquier situación, por inocente que sea, puede convertirse en el escenario para que brille la lujuria. Jesús dice: "Pero yo les digo que todo el que mira a una mujer con lujuria, ya ha cometido adulterio con ella en su corazón".[38] Aquí Jesús no solo está defendiendo el mandamiento contra el adulterio, sino que nos está dando una idea de la psique humana. Él está definiendo la lujuria.

La lujuria es un pecado muy complejo. Alguien dijo hace mucho tiempo que "la lujuria es el ansia de sal para un hombre que se está muriendo de sed".[39] Así que la lujuria atrae al hombre desde el interior de su cabeza con un deseo muy poderoso de cometer pecado sexual. Este deseo es digno de investigación.

### ¿Qué es la lujuria?

Según la definición del diccionario, "la lujuria es un fuerte deseo de sexo".[40] Esta es una declaración simple pero profunda tal como está escrita. Es simple porque la lujuria es el deseo natural y carnal ilimitado en los seres humanos de tener relaciones sexuales. Parece que el mundo de hoy parece estar regido por este deseo de copular. La Biblia se refiere a este deseo necesario, y a veces malvado, como parte del compuesto que llamamos la carne. Pertenece al mundo natural y es por definición carnal. Esto no es algo celestial. Por lo tanto, este deseo, cuando no tiene límites, se ha considerado un pecado, algo que no da en el blanco de la voluntad de Dios para nuestras vidas.

Este concepto de lujuria también es profundo. ¿Cómo puede algo que parece tan superficial y grosero ser tan profundo? Bueno, porque está enraizado en el mal primigenio que acosó al mundo cuando la humanidad cayó en la realidad del pecado en el jardín del

Edén. Cuando Adán y Eva le dijeron a Dios que estaban desnudos (Génesis 3:10), dieron la señal de que algo se había roto. Ahora eran capaces de "lujuriarse" unos a otros e incluso "lujuriar" las cosas del más allá.

### ¿Cómo hunde la lujuria a tu familia?

La lujuria hunde a tu familia de una manera sutil, que eventualmente se vuelve pública. Este es un deseo generalmente privado que debe salir a la luz para que sea perdonado. Si alguien de tu familia deja salir a este animal salvaje, tendrá que pagar un precio. Has oído decir que "la hierba siempre es más verde del otro lado". Hablaremos de la envidia un poco más adelante, pero este adagio también se aplica a la lujuria. La lujuria siempre está mirando hacia el otro lado, buscando pastos más verdes. Lo que la lujuria no sabe es que la hierba es igual de verde de este lado y sin la molestia. La lujuria no tiene fin.

La lujuria nunca pregunta sobre las consecuencias de sus acciones. La lujuria mira, mira de nuevo y sigue mirando hasta que satisface su deseo de conquistar. En las páginas de la Biblia tenemos la historia de alguien que fue guiado por el deseo, lo que llevó a algunas consecuencias terribles. ¡Sí, lo has adivinado, el rey David! (¡Sabía que estabas pensando en Sansón!) Fue un modelo de virtuosismo espiritual desde su juventud. Escribió algunos salmos significativos y profundos en su juventud. Constantemente buscaba el camino de Dios en sus maravillas. Sin embargo, la única vez que bajó la guardia, la lujuria estaba allí esperándole. Sus acciones, guiadas por la lujuria, lo llevaron a tener una relación adúltera con Betsabé.

Según 2 Samuel 11, David estaba disfrutando de la brisa primaveral que bañaba la azotea de su palacio justo a tiempo para ver la puesta de sol. Era uno de esos días de pereza en los que dormía la siesta sin tener mucho en la cabeza. Había olvidado que su ejército estaba lejos asediando a Rabá de los amonitas. De hecho, era un día tan hermoso que se olvidó de todo. Miró al horizonte mientras caminaba, pero para su consternación, había edificios en el camino. Miró hacia uno de los tejados y hacia el callejón, hacia un patio trasero y, ¿qué sabes? Capturó la imagen de una mujer joven bañándose. Era una hermosa joven, que se bañaba tranquilamente, completamente inconsciente de los ojos lascivos y lujuriosos que estaban sobre ella. David quedó cautivado por su belleza. Pronto terminó ella su baño y el espectáculo terminó. Esto debería haber impedido que David continuara. Pero la lujuria lo había atrapado. Caminó por la azotea con un solo pensamiento en mente: cómo llegar a esta joven, o a su cuerpo, que parecía llamarlo. Entonces llamó a uno de sus siervos y le preguntó. Resultó ser la joven esposa de Urías el hitita, uno de los mejores soldados de David, y la hija de Eliam, uno de los mejores guerreros de David. Nótese que Eliam era hijo de Ahitofel, uno de los mejores consejeros de David, quien finalmente lo traicionó, ¡probablemente debido a este problema! (Véase 2 Samuel 15:31 y 23:34.)

David llamó a Betsabé para que fuera a su palacio y consumo el acto con ella. Al fin y al cabo, él era el rey. Podía hacer lo que quisiera. La lujuria tuvo su culminación final. Entonces David volvió a la normalidad como si nada hubiera pasado. Claramente, el defecto de David para cualquier situación pecaminosa era no hacer nada. (Recuerde que tampoco hizo nada con respecto a su ira). A David le pareció que Dios no estaba mirando.

Pero ese no fue el final de la historia. La lujuria del rey David llevó entonces al asesinato de Urías heteo a manos de los amonitas.[41]

# OJOS LUJURIOSOS

Entonces David hizo el papel de rey benévolo casándose con la viuda, y se puso a esperar el nacimiento del nuevo príncipe. La Biblia nos dice: "Sin embargo, el Señor consideró malo lo que David había hecho" (2 Samuel 11:27). ¡Dios estaba mirando! Hagamos una pausa aquí y consideremos el panorama general. 1. David es el siervo escogido de Dios y el rey modelo. Ahora tiene alrededor de cuarenta y cinco años. Él conoce a Dios y conoce las reglas bastante bien. Ha memorizado los diez mandamientos. Está en la cima de su juego. 2. Tenga en cuenta que la lujuria lo lleva por un camino fácil de tentación. Está dando un paseo tranquilo por su azotea cuando permite que la lujuria lo lleve por un camino imprudente. Primero cayó en el adulterio y luego en el asesinato. La lujuria tomó su deseo carnal de tener relaciones sexuales con esta joven y lo puso de rodillas. Tuvo que confesar el adulterio y luego el asesinato. 3. Observa los resultados de la lujuria incontrolada: querer y desear, adulterio, mentira y, en última instancia, asesinato. Pensó que nadie estaba mirando, pero Dios sí lo estaba mirando. En última instancia, todo pecado tiene su precio que pagar. Dios lo llamó. El Señor envió a Natán a David.

Con dos palabras hebreas, Natán lo retrató: «¡Tú mismo eres el hombre!» Esta puede ser la frase más dramática del Antiguo Testamento.[42] David era un hombre convicto, la muerte era el castigo por adulterio y asesinato. La lujuria se salía con la suya. La lujuria había demostrado su poder como un pecado capital. Pero Dios es tan misericordioso que recibió la contrición y el arrepentimiento de David. Fue indultado, pero con salvedades. El hijo de David, nacido como resultado del pecado, tuvo que morir. David lloró y suplicó, pero fue en vano. El bebé murió. Lo mismo ocurrió con las bendiciones de la casa de David. Su pecado puso en juego muchas repercusiones que David no quería. Otros miembros de su familia también pagarían. La espada nunca saldría de su casa. ¡Qué tragedia para una familia!

**¿Qué puedes hacer con respecto a la lujuria?**

Como se puede ver en esta tragedia en la vida de David, uno puede aprender la lección general de que la lujuria puede ser muy peligrosa para cualquiera. Vivimos hoy en un mundo donde la lujuria está entronizada en lo alto. La lujuria es el motor y el agitador detrás de los anuncios, la ropa, la música, las películas, los juegos y todo y cualquier cosa. La lujuria es un poderoso motivador en nuestro mundo. La lujuria está en todas partes. Cuando accedes a Internet, la lujuria es la cara que ves. Muchos anuncios y noticias están incrustados con mensajes lujuriosos e íconos que promueven la tentación incluso para los seres humanos más fuertes y éticos.

Al igual que David, conocemos las reglas. Muchos de nosotros conocemos a Dios. Incluso creemos en Jesús. Creemos que tenemos el Espíritu Santo en nosotros. Sin embargo, esto no es garantía de que no caeremos fácilmente en la tentación presentada por la lujuria. Al igual que David, uno puede ir por el río de la vida con ojos lujuriosos hacia la destrucción sexual con la lujuria a la cabeza, y nunca tomar nota de lo que está sucediendo hasta que lleguen las consecuencias. Al igual que David, los resultados de la caída pueden ser devastadores. Personalmente, y a nivel intergeneracional, los resultados son terribles.

Para los hombres en general, y para los maridos en particular, la lujuria es un enemigo peligroso. La lujuria tentará fácilmente a un hombre de mil maneras en un día cualquiera. La lujuria es una realidad continua para un hombre. La lujuria, como le hizo a David, se hace transparente hasta que encuentra el momento en que las defensas están bajas. La lujuria busca el momento en que el orgullo espiritual y la arrogancia se realzan. La lujuria se une con el orgullo y la pereza para crear una situación pecaminosa. Un hombre casado encontrará mil salidas para sus ojos lujuriosos. El Internet es una fuente primaria. Proporciona privacidad y licencia para seguir la lujuria por una pendiente resbaladiza.

Todos los hombres casados saben que el adulterio está mal. Y sin embargo... la lujuria te llama. Muchos pastores o ministros han tenido su muerte profesional gracias a ceder a la lujuria en un momento de debilidad. La pornografía es viral y siempre está a mano para ayudar a un compañero. Esto es lujuria en su máxima expresión. La lujuria toma a una mujer y la cosifica. La hace un objeto. Entonces la lujuria toma este objeto y lo embellece a un grado superlativo y a veces antinatural. Luego toma el objeto y lo cuelga ante ojos lujuriosos. *Luxuria*, la palabra latina para lujuria, evoca la naturaleza del placer. Sí, esto puede ser tuyo. Y así caen tantos hombres. Esta situación es alarmante... y desagradable.

Para las esposas las cosas parecen diferentes, pero ¿lo son realmente? Muchas esposas se convierten en víctimas desprevenidas de la lujuria. ¿Cómo se invierten los papeles? Las mujeres pueden caer de un golpe con la lujuria gracias a todas las tramas de fantasía que las rodean y en sus mentes. Hay miríadas de libros, sitios en línea, "shows" de realidad y recreaciones reales de fantasía que es muy difícil mantenerse puro. Los pensamientos privados, y no tan saludables, de las mujeres a veces son tomados cautivos por la lujuria. Es posible que ella no caiga en la realización de esas fantasías, pero están continuamente en su mente. La lujuria gobierna su mundo. Puede fingir ser feliz en su vida, pero en realidad vive en otro mundo. La lujuria se apodera de sus hábitos, de su vestimenta, de su conversación, de sus amigos, y finalmente cae perdidamente en la tentación. ¿O no? Muchas mujeres sufren de depresión crónica gracias a vidas insatisfechas que la lujuria les ha arrebatado. No creen que sean hermosas o atractivas porque creen que las mujeres lujuriosas son reales. Simplemente no se comparan con el ojo de su mente. Por lo tanto, asumen erróneamente que son objetos que deben ser descartados o dejados de lado. Me atrevo a decir que muchas mujeres insatisfechas son víctimas de la lujuria y no quieren admitirlo públicamente. Las mujeres caen presas de la lujuria tanto como los hombres. La diferencia es cómo caen.

No es sorprendente que nuestra juventud se haya convertido en un campo de batalla para la lujuria. La lujuria se ha apoderado de los jóvenes a un ritmo alarmante. El siguiente estudio muestra este punto:

> "Prácticamente todos los participantes en este estudio, hombres y mujeres, reportaron haber experimentado deseo sexual, y lo hacían a diario", concluyeron las coinvestigadoras Pamela Regan, profesora de psicología de la Universidad Estatal de California, en Los Ángeles, y la estudiante graduada de psicología Leah Atkins. En su estudio, Regan y Atkins entrevistaron a 676 hombres y mujeres, cuya edad promedio era de 25 años, sobre la intensidad y frecuencia con

# OJOS LUJURIOSOS

la que experimentaban el deseo sexual. Casi todos los entrevistados, el 97.3 por ciento, informaron haber experimentado sentimientos lujuriosos, y los hombres solo tenían un poco más de probabilidades de sentir deseo sexual (98.8 por ciento) que las mujeres (95.9 por ciento).[43]

El sexo desenfrenado está ahora de moda en el Internet. Tienes sexo telefónico, sexo virtual, sexo porno, sexo casual, sexo con amigos, sexo con extraños ¡y sexo con una cereza arriba! Los jóvenes son bombardeados con anuncios lujuriosos, vestidos, conversaciones, canciones, literatura e incluso personas que mueren por sexo. Dejan de tener sexo por su cuenta y pagan las consecuencias del sexo prematrimonial o bien juegan con fuego lujurioso y terminan quemándose.

Nuestros jóvenes son presa fácil para convertirse en víctimas de la lujuria. Incluso los jóvenes que van a la iglesia están cayendo como fichas de dominó. Las probabilidades están en su contra. Los cambios físicos en la juventud de hoy no son de ayuda. No hace muchos años, el embarazo de una adolescente era una tragedia. Hoy en día, es parte de la vida diaria. El aborto se ha convertido en el método anticonceptivo preferido. Los líderes espirituales en sus centros de adoración son las últimas personas en enterarse. Es posible que los padres de la niña nunca se enteren de que estaba embarazada y que abortó. Nadie lleva la cuenta del hombre que dejó embarazada a la chica. Es su cuerpo, su bebé y su problema. Los papás incumplidores son una tragedia de esta generación.

Sin embargo, la verdadera tragedia está en nuestros hijos. ¡Sí, nuestros hijos! La lujuria se da un día de campo con ellos. Se les dan teléfonos y tabletas a edades cada vez más tempranas para mantenerlos ocupados y entretenidos, y a su vez son guiados por la lujuria para encontrar entretenimiento peligroso que no es seguro para su corta edad o de lo contrario se convierten en el entretenimiento de otros. La lujuria los convierte en consumidores o víctimas del mundo atrapado por el sexo en el que vivimos. Los científicos están haciendo poco para ayudar. "Está claro que la lujuria merece mucha más atención científica de la que ha recibido tradicionalmente".[44]

Entonces, ¿qué puedes hacer? En primer lugar, puedes informarte. Sé consciente del contexto en el que te encuentras. Ya sea que seas un esposo, una esposa, una persona soltera, una persona joven o un niño, ten cuidado. Sé consciente de tu entorno y de tus amigos. Sé consciente de las oportunidades para que ocurra el pecado. Sé consciente de las personas que quieren el mal para ti y tu familia. Sé consciente del don de Dios del perdón de los pecados y de la vida eterna. No los desperdicies; ¡Úsalos! Puedes detener la lujuria en seco antes de que desmantele tu mundo y hunda el barco de tu familia.

# PREGUNTAS DE REFLEXIÓN

1. ¿Qué ves en tu vida cuando se trata de lujuria? ¿Lo ves en ti? ¿Lo ves en tu familia? ¿Lo ves en los que te rodean?

2. Mira tú mundo. En tu contexto, ¿dónde ves la lujuria? ¿Lo ves en las vallas publicitarias a tu alrededor? ¿Lo ves en la tele? ¿Lo ves en internet?

3. ¿Eres víctima de la lujuria? ¿Miras a una mujer o a un hombre «por segunda vez»? ¿Alguien en tu familia es víctima de la lujuria? ¿Qué estás haciendo al respecto?

4. ¿Cómo estás protegiendo a tu familia, a tus hijos, a tu cónyuge, a tus amigos de ser destruidos por el pecado de la lujuria?

# ORACIÓN

*Mi amado Padre que estás en los cielos,*
*Por favor, perdona mi lujuria y la lujuria de mi familia. Por favor, mantén nuestros ojos y nuestras mentes alejados de este pecado. Por favor, protégeme a mí y a mi familia de caer en manos de la lujuria. Expía este pecado por medio de la sangre y el cuerpo de Jesucristo, tu hijo. Confieso mi lujuria y la lujuria de mi familia. Me arrepiento de este pecado y busco la vida limpia que prometiste. En el nombre de Jesús, ruego esto. Amén.*

# CAPÍTULO SEXTO

# CADA VEZ MÁS GORDO

Hoy tenemos la oportunidad de tener nuestro pastel y comérnoslo también. Vivimos en un mundo en el que al menos el 50 por ciento de la población tiene probabilidades de tener sobrepeso. Según un informe de la Federación Mundial de Obesidad, más de la mitad de la población mundial de cinco años o más, el 51 por ciento, o más de cuatro mil millones de personas, tendrá sobrepeso u obesidad para 2035.[45] En comparación, 2.6 mil millones de personas en todo el mundo (38 por ciento de la población) tenían sobrepeso u obesidad en 2020.[46]

El problema se agrava en Estados Unidos. Aquí realmente somos un país más pesado. El pastor Rick Warren cuenta la historia de cómo llegó a darse cuenta de esto. Un día estaba bautizando en una playa y se sintió abrumado por el agotamiento. Estaba feliz y alegre, pero se sentía cansado. Entonces se dio cuenta de que la mayoría de las personas a las que estaba bautizando tenían sobrepeso. Además, se dio cuenta de que él tenía sobrepeso. Esta comprensión llevó a cambios en él y en su congregación que comenzaron el movimiento del Plan Daniel.[47]

En los Estados Unidos y otros países de ingresos altos, se estima que el 60 por ciento de los adultos tienen sobrepeso u obesidad.[48] Estos resultados alarmantes palidecen en comparación con lo que les estamos haciendo a nuestros hijos, las verdaderas víctimas de nuestra obesidad. Según el Estado de Obesidad Infantil, "aproximadamente uno de cada seis jóvenes tiene obesidad, según los últimos datos disponibles. Los datos, de la Encuesta Nacional de Salud Infantil, muestran que en 2021-2022, el 17.0% de los jóvenes de 10 a 17 años tenían obesidad".[49] Estamos enseñando a nuestros hijos a ser gordos. ¡Literalmente estamos engordando a nuestros hijos para un futuro sombrío!

Según *Forbes Health*, "la obesidad se define como tener un índice de masa corporal (IMC) de 30 o más".[50] En otras palabras, no estamos hablando de una persona que tenga un poco de sobrepeso. Estamos hablando de personas con sobrepeso grave. Ahora, en los Estados Unidos, tienes derecho a ser gordo y este derecho está protegido por el gobierno. Puedes ser gordo y tus hijos ser gordos, no es gran cosa. Pero, ¿es esto lo que Dios quiere para nosotros? ¿Hay algo más operando en este frente? Sí. El *pecado* de la gula. Este es el pecado que se comerá a sí mismo de un apuro. ¡Este pecado realmente hundirá el barco de tu familia! Esta es mi historia.

Nunca pensé en tener sobrepeso u obesidad. Siempre fui flaco mientras crecía. Comía lo que tenía delante sin importarme nada en el mundo. Me casé y entonces empezó nuestro problema de peso. Digo *nuestro* porque arrastré a mi bella esposa a este pozo. No estoy orgulloso de estas acciones, pero fueron el resultado de la ignorancia y la negligencia combinadas. En ese momento, mi esposa y yo decidimos que era mejor para nosotros comer fuera que cocinar en casa. La comida era barata entonces, así que comimos fuera. Mala decisión. Con el tiempo, comimos metódicamente todos los elementos del menú de varios restaurantes. Muy pronto los dos éramos obe-

## CADA VEZ MÁS GORDO 65

sos. Dos malos resultados salieron de esta decisión de ser gordo. Primero, a los sesenta años, tuve que hacer un reseteo total de mi vida. Estaba luchando con el peso y la presión arterial alta. Mi peso había subido a un punto alto de 265 libras. Logré bajarlo a 240 libras, pero nunca bajó de eso. Finalmente tomé en serio mi peso y mi salud y bajé a 210 libras con una dieta saludable, ejercicio, apoyo y oración. No fue fácil. Todavía tengo 30 libras para llegar a mi peso ideal de 180. Este camino ha sido difícil. Ponga 30 libras en un saco y trate de cargarlo todo el día. La culpa... el cansancio . . . el dolor . . . el pecado.

La gula es un pecado muy sutil. Se define generalmente como el exceso en el comer y beber. "La gula (latín: *gula*) es la indulgencia excesiva y el consumo excesivo de cualquier cosa hasta el punto de desperdiciarla. La palabra deriva del latín *gluttire*, que significa tragar o atragantar.[51] Esta es una definición subjetiva. La gula para una persona no lo es para otra. Es difícil medir este pecado. En ninguna parte de la Biblia dice que las personas gordas u obesas sean malditas o pecaminosas. Ser gordo tiene poco que ver con este pecado. De hecho, las personas delgadas pueden practicar la gula. "Aunque comer y beber por placer no se considera pecaminoso, comer o beber en exceso más allá de lo razonable es un pecado. La embriaguez, que es causada por el consumo excesivo de bebidas embriagantes, se considera un tipo de gula. Como pecado capital, se cree que la gula estimula otros pecados y fomenta el comportamiento inmoral".[52]

Mucha gente, de hecho, no lo ve como un pecado en absoluto. No está en el decálogo de los diez pecados más grandes. La Biblia se refiere a la gula escasamente y nunca por su nombre. Nadie predica hoy que la gula es un pecado. Pero lo es. El hecho es que la Biblia lo condena de maneras sutiles. El libro de Proverbios habla en contra de ello: "No te diviertas con borrachos ni festejes con glotones, porque van camino de la pobreza, y el exceso de sueño los viste con harapos" (Proverbios 23:20-21). En Ezequiel 16:49, encontramos que uno de los grandes pecados de Sodoma mencionado en el juicio de Dios sobre ella fue la gula. Los pecados de Sodoma eran el orgullo, la gula y la pereza, mientras que los pobres y necesitados sufrían fuera de sus puertas.

Sorprendentemente, el Papa Francisco ha asumido el reto de predicar sobre el pecado de la gula en numerosas ocasiones. Criticó la gula en sus comentarios sobre el hambre en el mundo, la inseguridad alimentaria, el desperdicio de alimentos, la epidemia de obesidad y el materialismo. "Durante su homilía de Nochebuena en diciembre de 2018, pidió a los cristianos que renunciaran a la codicia, la gula y el materialismo y, en cambio, se centraran en el significado de amor, caridad y sencillez de la festividad".[53]

En pocas palabras, el pecado de la gula es otra forma de idolatría. Es una elección personal del amor propio, la comodidad y el control a través de la comida.[54] "La gula es el pecado de la indulgencia excesiva y la codicia excesiva por la comida. En la Biblia, la gula está estrechamente relacionada con los pecados de embriaguez, idolatría, prodigalidad, rebelión, desobediencia, pereza y despilfarro".[55] La gula es adictiva. La Biblia toma muy en serio la gula. . . nosotros no.

En el Edén, en el principio de los tiempos, el hombre y la mujer se enfrentaron a una elección. La decisión que tenían ante sí consistía en desobedecer o no a Dios y comer del fruto del Árbol del Bien y del Mal. Según Génesis 3:6: "Cuando la mujer vio que el fruto del árbol era *bueno para comer* y agradable a la vista, y también deseable para adquirir sabiduría, tomó un poco y lo comió. También le dio un poco a su marido, que estaba con ella, y él se lo comió". (NVI, énfasis mío). Nótese que lo primero que le llamó la atención a Eva fue que era buena comida. Se sintió atraída por lo deseable de la fruta. Ella comió y dio de comer a su marido, lo cual hizo... con mucho gusto. La gula parece estar, casi naturalmente, en el escenario para la representación de ese primer pecado. Es muy fácil.

Es fácil engordar, bastante difícil quitar el sobrepeso. Pregúntale a cualquiera que esté tratando de perder peso. Los estigmas que conlleva ser obeso no solo son poco favorecedores, sino también feos. Te ríes de los chistes de gordos, pero sabiendo que están hablando de ti. Atrapas una conversación privada, no tan privada, y descubres que tu peso es el tema.

Así que, en la etapa final de mi vida, me di cuenta de lo equivocado que había estado. Fui condenado. Había pecado. Dios me perdonó. Pero todavía tenía que pagar las consecuencias de mi pecado de gula. Sigo pagando.

El segundo resultado negativo de mi gula es lo que les había hecho a mis hijos. Esto era imperdonable. Mis tres hijos crecieron en un ambiente saludable en un hogar con valores cristianos. Siempre buscamos la mejor proyección en la vida. Queríamos que los tres tuvieran éxito en lo que eligieran hacer en la vida. Participamos en actividades deportivas y escolares. Enseñamos las cosas importantes de la vida. No hicimos una cosa: vigilar su peso. Pronto, los tres niños se volvieron obesos. Y estábamos felices.

Esa felicidad pronto llegó a su fin cuando llegaron a su vida adulta. Me causa mucho dolor hablar de esto. El pequeño se despertó un día y decidió que controlaría su peso. Quería entrar en el ejército, que tenía estándares estrictos para el peso. Se colocó en un plan bajo en calorías y solo bebió agua. Pronto estaba perdiendo peso y manteniéndolo. Este lo logró.

Pero los otros dos todavía luchan con este problema. Nuestra sociedad lo acepta, pero el individuo generalmente no lo hace. Sabes que cuando tienes sobrepeso no eres feliz. Puedes fingir, pero un día te despiertas. Algo dentro de ti te dice que ya tuviste suficiente.

Físicamente, el cambio es drástico. El sobrepeso afecta a todos nuestros sistemas fisiológicos. El corazón y el sistema circulatorio comienzan a sentir el dolor de la presión arterial alta. No es de extrañar que este síntoma sea el asesino silencioso. Su sistema respiratorio comienza a fallarle y comienza a tener sibilancias después de una breve carrera. Tus sistemas estructurales comienzan a gemir cuando haces el más mínimo esfuerzo físico. ¡Tu cuerpo comienza a vivir en un dolor mortal!

Cuando eres joven puedes soportar el peso, pero con la edad vienen las consecuencias para la salud de la obesidad. Los informes de "zonas azules" en el mundo ahora atestiguan este hecho. En las cinco zonas azules tradicionales, la larga esperanza de vida de los centenarios es un hecho común. Muchos estudios buscan descubrir las diversas razones de este efecto. Sin embargo, una de las constantes en estos centenarios de las zonas azules es una alimentación saludable. Otro es un estilo de vida que hace del movimiento una prioridad. Un beneficio sorprendente que tiene que ver con la naturaleza "espiritual" de su estilo de vida. Han encontrado un propósito y están contentos.

La gula significa pensar y creer que nunca lo que tienes es suficiente. Esos recursos se agotarán, por lo que debe comer ahora para mañana. La gula es un espacio vacío que nunca se puede llenar, no importa lo que comas o cuánto tiempo lo comas. Al igual que Augusto en la película *Willy Wonka y la Fábrica de Chocolate,* la gula nunca satisface tu deseo de más.

El pecado de la gula se agrava en la familia. La transmisión transgeneracional del pecado de los padres se hizo realidad con el pecado de la gula entre nosotros. La persona que controla la dieta de la familia controla la salud y el futuro de la familia. Yo tenía el control, y en mi mundo, se permitía que la comida fuera un producto disponible para que todos participaran en su medida no examinada. Mi pecado, desafortunadamente y sin saberlo, se convirtió en su pecado. Yo voy a escapar, pero ellos todavía están en esta vida por un futuro no prescrito... y están condenados. Están empezando a ver que esto no es bueno.

La Biblia tiene una visión sutil de la gula. Si bien se considera uno de los siete pecados mayores de todos los tiempos, la gula está casi en el telón de fondo de la alineación bíblica de pecados. "La gula, bíblicamente hablando, se puede resumir como trabajar 'por el pan que perece' (Juan 6:27). No solo se encuentra en el consumo excesivo, sino en una expectativa idólatra que busca que el comer y el beber proporcionen saciedad y plenitud para el alma (persona interior)".[56]

Tenga en cuenta que todos los alimentos son provistos por Dios a los seres humanos para su disfrute. Y repito: "El peso o la apariencia física de una persona no pueden tener nada que ver con el pecado de gula. No todas las personas gordas son glotonas, y no todas las glotonas son gordas".[57] La gula es la perversión que va más allá de la necesidad de sobrevivir a través de la comida a la necesidad de satisfacer algún antojo en la mente que no se puede saciar. Esta ansiedad lleva a la persona que come a compensar en exceso sus patrones de alimentación habituales y habituales. Lo psicológico impulsa lo físico. La gula comienza en la mente y no en el estómago. Como tal, no se puede tratar a menos que uno se ocupe primero de las necesidades mentales y emocionales. Esto siempre requiere una solución espiritual al problema.

Me he dado cuenta de tres cosas que necesitamos entender y superar para combatir y ser victoriosos sobre la gula:

*1. La gula es una necesidad mental que parece estar satisfecha solo físicamente.* Esta es la razón por la que tantas personas caracterizan la gula como un pecado de la carne. La realidad es que la gula, como todos los demás pecados, comienza en la mente. Lisa Kutolowski ha escrito un gran artículo sobre este tema presentando la situación, la lucha y los resultados.[58] Habla de sus luchas, usando un café con leche como ejemplo. Su mente comienza a pensar en el café con leche y pronto está salivando y no se detiene hasta que ha comprado y consumido un café con leche. Así es como funciona la gula, empezando por la mente.

Por lo tanto, la gula debe combatirse primero en la mente. Lidiar primero con las consecuencias físicas nos llevará al valle de la desesperación. Debes pedirle a Dios que aclare tu mente para que puedas lidiar con este pecado de manera efectiva. Al igual que estos siete pecados, tú debes comenzar y terminar con la mente.

*2. La gula nunca tiene suficiente.* Nunca se sacia. Comerás y comerás

# CADA VEZ MÁS GORDO

y comerás, y nunca te sentirás lleno. Por supuesto, la desventaja de la gula es que aumentarás de peso. La obesidad es uno de los resultados finales de la gula. Engordarás cada vez más. O no. Por el contrario, podrías ser arrastrado al vórtice de la bulimia. Te hincharás y luego irás a escupirlo o vomitar lo que hayas comido. Esto se convierte en una adicción.

Según Jason Liske:

"La gula es nunca estar completamente satisfecho con lo que tenemos, siempre querer más (no en el sentido de la codicia, de la que hablaré más adelante), llenar no sólo nuestros estómagos sino toda nuestra vida de exceso y aun así querer más. Hincha y distrae el alma, haciendo que formemos ídolos con cosas que creemos que "necesitamos", y nos ayuda a evitar la realidad llenando nuestras vidas de distracciones (piense en ir de compras o comer como una "cura" para la tristeza). Lo que realmente necesitamos ha sido reemplazado por el deseo que creemos que necesitamos; lo que creemos que queremos".[59]

Entonces, ¿cómo podemos dejar de engordar cada vez más? La respuesta puede sorprenderte por su sencillez: *¡parar!*

*3. La gula se puede solucionar pidiéndole perdón a Dios y empezando de nuevo.* Sólo él puede satisfacer los anhelos de tu alma. Detente donde estás. Detente y pide perdón por el pecado de la gula, y permite que Dios cambie esos hábitos que te están deprimiendo. Comienza pidiéndole a Dios que cambie un hábito a la vez. Piensa en lo que estás comiendo. Piensa en por qué estás comiendo. Cambia los hábitos negativos y suplanta un hábito positivo en su lugar. Con Dios tienes la victoria a la vista.

## PREGUNTAS DE REFLEXIÓN

1. ¿Qué es lo primero que piensas cuando piensas en la gula? ¿Es positivo o negativo?

2. ¿Alguna vez has tenido que lidiar con la gula personalmente? ¿Fue por una situación que te afectaba a ti o a otros? ¿Cómo respondiste?

3. ¿Te *detendrás* y le pedirás perdón a Dios? ¿Le pedirás a Dios que te ayude a empezar de nuevo? Mírate a ti mismo ganando esta batalla en tu mente.

## ORACIÓN

*Padre mío que estás en los cielos,*
*Por favor, perdona el pecado de glotonería en mi vida y en la vida de los miembros de mi familia. Por favor, limpia mi mente para que mi cuerpo también pueda ser limpiado. Que el sacrificio de Jesucristo expíe los deseos glotones de mi vida. Confieso que la gula se ha apoderado de gran parte de mi vida. Me arrepiento de todas las cosas que hice para mantener vivo este pecado en mi vida. Por favor, restaura mi vida a la salud y la integridad.*
*En el nombre de Jesús, oro esto. Amén.*

# CAPÍTULO SÉPTIMO

# EL MUNDO NO ES SUFICIENTE

Algunas personas tratarán de sacar el máximo provecho de la vida por todos los medios posibles. Para ellos el mundo no es suficiente. Lo desean todo y cualquier cosa: ¡lo quieren todo! Pronto descubren el final de su locura: el mundo es más que suficiente. La codicia, o más formalmente la avaricia, es un motivador poderoso y pecaminoso. Ya hemos hablado de que todos los pecados comienzan en la mente. Esta no es la excepción.

Imagina por un momento que acabas de graduarte de la escuela secundaria. Tienes tu diploma, todos tus familiares te felicitan, tomas todas las fotos, abres tu toga de graduación para tomar un poco de aire y miras vagamente hacia el futuro. Mientras te paras y miras más allá de la puerta del tiempo hacia el futuro, un millón de voces te gritan, diciéndote: "El mundo no es suficiente. ¡Ve a por todas! No importa lo que tengas en este momento, no es suficiente; Necesitas más". Siempre necesitarás más. Cuanto más tengas, más seguro estarás. Cuanto más tengas, más feliz serás. ¿Por qué comprar cuatro rollos de papel higiénico cuando puedes comprar cuarenta y ocho? ¡Piensa en lo que puedes hacer con noventa y seis rollos! Nunca tendrás suficiente.

Si eres como la mayoría de las personas en nuestra cultura,

esto es lo que escuchas. Un millón de voces que te dicen que el futuro no es suficiente. Que lo que sea que consigas no es suficiente. Que siempre va a haber más por ahí. ¿Pero más de qué? ¿Alguna vez puedes ser feliz buscando más? ¿Es "más" incluso alcanzable en esta vida? Permítanme compartir con ustedes tres direcciones que hablarán la verdad para cualquier camino que tomen.

*1. La primera dirección te lleva al mundo de la realidad.* La realidad de la codicia. Descubrirás que la codicia es un constante en nuestras vidas... toda nuestra vida. La codicia también es conocida por los nombres más antiguos de avaricia y ambición. Ahora, algunas personas ven un lado positivo de la ambición. Creen que la ambición, centrada en lo positivo, es algo bueno. Por ejemplo, si tienes la ambición de ayudar a otras personas, entonces eso es bueno. Este es un tema de debate, pero no lo abordaremos aquí.

Entonces, ¿cómo se define la codicia? Según yourdictionary.com, la codicia es "un deseo excesivo de adquirir o poseer más de lo que uno necesita o merece, especialmente con respecto a la riqueza material".[60] Vocabulary.com va un poco más allá y profundiza en su explicación del término, calificándolo de feo e insaciable, y dándonos la etimología de la palabra. "La codicia proviene del inglés antiguo *graedig*, o 'voraz', que significa 'siempre hambriento de más'".[61] Puedo resumir la codicia en seis palabras del vocabulario de un niño de dos años: quiero, quiero, dame, dame, ¡más más!

¿Quieres ser rico? Hoy en día, todo el mundo quiere ser rico. Nadie ve ningún problema en meter la mano en el caldero de las riquezas del mundo para hacerse con el premio. Asumiremos grandes riesgos, y me refiero a cosas realmente arriesgadas, por la promesa de que algún día seremos ricos. Pregúntele a cualquier persona con un problema de juego o adicción. El gran psicólogo E. Stanley Jones dijo una vez que hay dos maneras de ser rico: poseerlo todo o no querer nada. Hay mucha verdad en esa afirmación.

Desafortunadamente para nosotros, la codicia es un pecado que también cruza la brecha generacional. La codicia es un gran peligro para ti y para tus hijos y los hijos de ellos. Es un virus altamente contagioso e inmoral que se niega a desaparecer. Permanece en el fondo de nuestras mentes a lo largo de nuestras vidas y las vidas de los miembros de nuestra familia. Vladímir Putin es la última encarnación de este virus llamado ambición. Piénsese por un minuto, Putin tiene todo lo que siempre quiso y algo más. ¿Qué le preocupa? ¿Qué le quita el sueño? ¿Qué es lo que quiere?

En pocas palabras, quiere más. No hay más que ver las imágenes de la destrucción de Mariúpol en Ucrania para darse cuenta de hasta dónde llegará la ambición de un hombre hasta hoy. La codicia deja una estela de destrucción a su paso. ¿Cuánto es suficiente? Así es como todas las guerras nos afectan. ¿Cuánto es suficiente destrucción y pillaje? La codicia es la motivación detrás de la mayoría de las guerras.

*2. La segunda dirección es que te lleva al mundo bíblico.* La Biblia da muchos ejemplos de la enseñanza bíblica sobre la codicia. Es por eso que no debería sorprendernos que la Biblia trate con dureza a la codicia. De hecho, esta es la razón por la cual la codicia, o la ambición, o la avaricia, es uno de los siete pecados capitales. La Biblia proporciona muchos ejemplos del pecado de la codicia y su castigo. Para empezar, tenemos al pueblo de Israel en el desierto. Dios les dio

# EL MUNDO NO ES SUFICIENTE

en el Sinaí las "diez palabras" para vivir en este mundo de una manera piadosa. El décimo mandamiento es una condena de la codicia. En Éxodo 20:17 se encuentran las siguientes palabras: "*No codiciarás la casa de tu prójimo. No codiciarás a la mujer de tu prójimo, ni a su siervo ni a su sierva, ni al buey, ni al, ni a ninguna otra cosa que pertenezca a tu prójimo*" (énfasis mío).

La codicia, o la ambición, no es una cosa bonita. Proverbios 1:19 da una declaración resuelta del resultado de la codicia: "Tal es la suerte de todos los que son codiciosos de dinero; *les roba la vida*" (énfasis mío). Verdaderamente, la codicia le roba la vida a la gente. Esto es exactamente lo que les sucedió a Ananías y Safira en Hechos 5, literalmente. Habían vendido una herencia y se habían vuelto codiciosos con las ganancias. Tomaron una parte de las ganancias para sí mismos y le mintieron al apóstol Pedro. Les preguntó individualmente, para ver si rectificaban su error, y no lo hicieron. Así que Pedro los condenó por mentirle al Espíritu Santo, y luego ambos murieron. ¡Uau! ¡Su codicia literalmente les robó la vida!

Jesús habló claramente en contra de la codicia. De hecho, ese es el punto principal de su parábola, o enseñanza moral, sobre el rico insensato. Las personas codiciosas, según Jesús, son personas insensatas. En Lucas 12:13-24 encontramos esta parábola y su comentario de Jesús. La historia comienza con una petición. Parece que alguien en la multitud ese día estaba buscando al rabino para pronunciar juicio sobre la codicia de un hermano. Probablemente se trataba de un hermano menor que se quejaba de la toma de posesión legal por parte del hermano mayor de toda la herencia de su padre. Jesús se apartó del camino e hizo un pronunciamiento en contra de la codicia. "Entonces él dijo: '¡Cuidado! Protégete de todo tipo de codicia. La vida no se mide por cuánto posees" (Lucas 12:15). Entonces Jesús le contó a la multitud una historia para ampliar y explicar su enseñanza sobre la codicia.

La historia comienza con un hombre rico cuyo negocio iba muy bien. Se dijo a sí mismo: "¿Qué debo hacer? No tengo espacio para todos mis cultivos". Ahora bien, este es un buen problema, haberlo hecho tan bien que no tienes suficiente espacio para almacenar el excedente. Muchos de los ciudadanos más ricos del mundo hoy en día son multibillonarios. ¿Sabes lo que son mil millones? Entonces el hombre rico dijo: "Yo sé lo que haré. Derribaré mi antiguo almacén y construiré un nuevo y bonito almacén". Entonces se dijo a sí mismo: "¡Amigo, ya tienes suficiente guardado para años! ¡Así que siéntate, relájate, come, bebe y vive a lo grande!" Pero Dios le dijo: "¡Necio! Vas a morir esta misma noche. Entonces, ¿quién va a conseguir todo por lo que trabajaste? ¡Tú no!"[62] Jesús concluyó su enseñanza diciendo: "Y el hombre es necio para acumular riquezas terrenales, pero no tiene una relación rica con Dios" (Lucas 12:21).

En su Sermón del Monte, Jesús volvió a hablar en contra de la codicia. Le dijo a la gente: "No acumulen tesoros aquí en la tierra, donde las polillas se los comen y el óxido los destruye, y donde los ladrones entran y roban. Guarda tus tesoros en el cielo, donde las polillas y el orín no pueden destruir, y los ladrones no entran a robar. Dondequiera que esté tu tesoro, allí estarán también los deseos de tu corazón" (Mateo 6:19-21). Básicamente, Jesús advirtió a la gente que no fuera codiciosa con los bienes de esta tierra que son perecederos, porque nuestro tesoro refleja lo que hay en nuestro corazón. Esto sirve para recordarnos que, en la Biblia, la codicia, o la avaricia, se considera un pecado grave. León Tolstói, el gran novelista ruso, escribió un cuento en 1886 titulado *¿Cuánta tierra necesita un hombre?*[63] En resumen, esta es la historia de un hombre llamado Pahom. Los baskires, un humilde clan de agricultores, acuerdan vender a Pahom, por la ridícula cantidad de mil rublos, toda la tierra que pudiera rodear en un día. Pahom comenzó a caminar muy temprano y a marcar su territorio con su pala. Se volvió codicioso y caminó y caminó hasta que se dio cuenta de que el sol estaba a punto de ponerse. Corrió de regreso al punto de partida lo más rápido que pudo y llegó justo cuando el sol se estaba poniendo. Los baskires aplaudieron su buena suerte, pero para su sorpresa, Pahom cayó muerto. Fue enterrado en una tumba de seis pies de largo y dos pies de ancho, respondiendo a la pregunta planteada por el título de la historia.[64]

¿Cuánta tierra, dinero, recursos, energía, o papel higiénico necesitas?

*3. La tercera dirección nos da el antídoto contra la codicia.* La codicia puede ser vencida y conquistada con contentamiento y generosidad. La satisfacción es la virtud que resulta cuando uno está contento con lo que posee o con la situación en la que está viviendo. El ejemplo perfecto de contentamiento en el Nuevo Testamento es el apóstol Pablo. Escribió a la iglesia filipense: "Sé arreglármelas con poco, y sé arreglármelas con mucho. En todas y cada una de las circunstancias he aprendido el secreto de estar contento, ya sea que esté bien alimentado o hambriento, ya sea en abundancia o en necesidad. Todo lo puedo en Cristo que me fortalece" (Filipenses 4:12-13). El contentamiento es el antídoto contra la codicia.

Lo opuesto a la codicia es la generosidad. La generosidad es la virtud de la compasión que suple las necesidades de los demás regalando los propios recursos. Ambas virtudes, juntas, matarán el virus de la codicia. Esta misma dinámica puede operar en su familia. Cuando estás contento con lo que Dios provee y generoso en dar a otros necesitados, entonces Dios suple cada una de tus necesidades y te corona con muchas bendiciones. Padres satisfechos y generosos siempre darán como resultado hijos satisfechos y generosos. Este patrón se perpetuará por generaciones y generaciones.

Lamentablemente, también es cierto lo contrario. Y lo que es aún más triste, la norma para la gente de hoy es que la codicia gobierne sus vidas. Cuando la codicia gobierna tu vida, entonces tu familia también sufrirá. Y el patrón se replicará durante generaciones. Entonces, ¿cómo detenemos la embestida de la codicia?

Encontramos el ejemplo perfecto de esta transformación en un hombre llamado Zaqueo. (Véase Lucas 19:1–10.) Ya conoces la historia. Jesús se encontró con Zaqueo en Jericó cuando este hombre trepó a un sicómoro para tener una mejor vista del desfile de Jesús. Jesús lo llamó y lo visitó en su casa. Zaqueo pasó de ser un hombrecito codicioso a un discípulo contento y generoso de Jesús.

¿Y tú? ¿Qué tan codicioso eres? ¿Cuánto necesitas? Aquí debo intercalar mi testimonio. Un día iba conduciendo por Ocean Drive, en Miami Beach, junto al hotel Hilton Fontainebleau y los enormes yates del canal intra-costero, junto a las mansiones monstruosas del otro lado. Me quejé en voz alta a Dios. Estaba ganando cacahuetes como pastor, y podría haber sido un abogado mega rico en su lugar. Entonces Dios me recordó la última tentación de Jesús. No la película, el texto de Mateo 4. La última tentación era la codicia.

# EL MUNDO NO ES SUFICIENTE

El llamado de la ambición para gobernar el mundo. Dios me recordó que cuidaría de mí y me daría más de lo que podía imaginar. Hoy soy un hombre increíblemente bendecido. Aunque soy bendecido materialmente, la realidad es que estoy contento con lo que tengo. Soy rico porque no quiero nada. Tengo todo lo que necesito. La codicia puede hundir rápidamente a tu familia. La codicia puede robarle a tu familia las cosas que importan. La codicia puede transmitirse fácilmente de generación en generación. La codicia es para los tontos.

Sin embargo, este pecado capital de la codicia también fue expiado por Jesús. Si oras y confías tu vida a Jesús, experimentarás verdadera satisfacción. Esto no solo te afectará a ti, sino que también será la marca registrada de tus hijos y de ellos.

## PREGUNTAS DE REFLEXIÓN

1. ¿Eres víctima de la codicia? ¿Anhelas las cosas que desearías tener?

2. ¿Eres como Pahom en el sentido de que estás tratando de obtener lo mejor que puedes? ¿Qué piensas sobre la vida después de la muerte desde el punto de vista del rico insensato?

3. ¿Estás contento con lo que tienes? ¿Estás contento con lo que haces? ¿Estás contento con los miembros de tu familia?

## ORACIÓN:

Mi Padre celestial,
Por favor, limpia mi vida de toda codicia. Dame la bendición del contentamiento en mi vida para que pueda saciarme con las cosas que tengo. Ayúdame a recordar que siempre hay un hermano o una hermana que tiene una necesidad mayor que yo. Ayúdame a imprimir a mis hijos el don de la alegría para que ellos también puedan compartir esta bendición. Gracias porque Jesús expió este pecado en la cruz del Calvario.
En el nombre de Jesús oramos esto hoy. Amén.

# CAPÍTULO OCTAVO

# LA HIERBA DEL VECINO

Para el Día del Padre, no hace mucho tiempo, decidí predicar sobre la envidia y cómo afecta a los padres entre nosotros. La envidia parece un tema fuera de lugar para el Día del Padre, pero la verdad es que todos debemos lidiar con las realidades que enfrentamos. La envidia es particularmente perjudicial para la familia cuando el padre es el agente de este pecado. La envidia en los padres es bastante común. El problema es que cuando se descarga al resto de la familia, la envidia puede causar daños duraderos.

Proverbios 14:30 es una admonición contra la envidia, o su hermana gemela idéntica, los celos. El escritor de Proverbios escribe: "Un espíritu tranquilo revive el cuerpo, pero la envidia es podredumbre hasta los huesos" (NET). Algunas traducciones traducen celos por envidia en este versículo. La envidia realmente puede crear estragos en la vida de un hombre.

La Biblia cuenta la historia de un hombre que tuvo que lidiar con la envidia, pero lo hizo de la manera equivocada. Sabía lo que Dios quería, pero dejó que alguien más cumpliera su sueño, y así la envidia se salió con la suya. El castigo impuesto no solo lo impactó a él, sino también a su esposa e hijos, de la manera más negativa. La envidia nunca llegó a impactar a la mayoría de sus nietos porque nunca nacieron. Setenta de sus hijos fueron ejecutados por los líderes de la ciudad después de que él se fue. (Ver esta historia en 2 Reyes 10:1–8.) Ese hombre era el rey Acab de Israel. En la Biblia descubrimos cómo la envidia llevó a la destrucción de su vida y de su familia. En 1 Reyes 21:1-29 encontramos el comienzo de su historia. Acab vio la viña de Nabot y la quiso. Es decir, él *realmente* quería este viñedo. Así que fue a ver a Nabot y le pidió que le vendiera la viña. Luego transmitió sus términos. La conveniencia fue una de las razones por las que Acab estaba tan concentrado en la compra. Quería el viñedo para un huerto porque estaba justo al lado del palacio. Le dijo a Nabot que le encontraría una viña mejor, o pagaría el precio de la viña en plata. Nabot no se movió ni un centímetro. Le dijo a Acab que esta era su herencia paterna. Nunca la vendería en un millón de años.

Acab regresó a casa abatido y molesto. No comía. Iba de un lado a otro deseando que el viñedo de sus sueños se materializara de alguna manera. Y entonces su esposa, Jezabel, hija de un rey pagano, se acercó a él y le preguntó por qué Acab estaba tan deprimido. Él respondió que Nabot rechazó su oferta por la viña. Jezabel se echó a reír, y luego le recordó que él era el rey de Israel. Ella le dijo que se encargaría del problema. ¡Y lo hizo!

Escribió cartas en nombre de Acab a los líderes de la ciudad, diciéndoles que proclamaran un ayuno de la ciudad y acusaran a Nabot de ser un traidor. Ella les instruyó que encontraran dos testigos falsos para reclamar contra Nabot que lo habían oído maldecir a Dios y al rey. Ellos hicieron todo lo que ella les dijo. ¡Creían que las órdenes venían directamente del rey! Nabot fue rápidamente declarado culpable y apedreado fuera de la ciudad. Entonces Acab se hizo cargo de la propiedad de la viña de forma gratuita. Los hijos de

# LA HIERBA DEL VECINO 85

Nabot estaban completamente fuera de escena en esta transferencia de título. Esta era una situación bastante extraña en ese momento, pero también lo sería para los hijos y nietos de Acab. Entonces apareció el profeta Elías. Dios le ordenó que fuera a Samaria y juzgara a Acab y a su familia por los pecados de envidia y asesinato contra Nabot. En resumen, Elías le dijo al rey que Dios "traería sobre ti la calamidad y erradicaría a tu descendencia: exterminaré a todos los varones de Acab, tanto esclavos como libres, en Israel" (1 Reyes 21:21). Jezabel también fue castigada, pero esa es una historia para otro día. El relato de Acab y Nabot es un cuento clásico sobre la envidia y su poder para destruir familias.

Centrémonos en el pecado capital de la envidia y aprendamos algunas verdades sobre este último pecado en nuestra lista de siete: *En primer lugar, la envidia es un problema óptico.* Diferentes pecados comienzan en diferentes lugares. Al igual que otros pecados ya mencionados, la envidia siempre comienza con los ojos. Ves algo y lo comparas con lo que tienes. Luego llegan los resultados. *La envidia* deriva del latín *invidia*, que significa "sin vista". La envidia es cuando tú decides que lo que otra persona tiene se ve mejor que lo que tú tienes.

La envidia te hará infeliz. ¿Cómo? Creando descontento con tu vida actual. La envidia te hace desear cosas que están más allá de tu alcance, y haces todo lo que está a tu alcance para conseguir lo que quieres. Aun así, nunca estás satisfecho, nunca eres feliz.

La envidia se define como "la conciencia dolorosa o resentida de una ventaja disfrutada por otro, unida al deseo de poseer la misma ventaja".[65] Esta dolorosa conciencia selló los destinos de Acab y Nabot. Ambos fueron víctimas de la envidia. Acab fue el perpetrador que cayó sobre la espada de la envidia. Nabot fue víctima de Acab, a quien la espada de la envidia le cayó encima. ¡El final fue terrible para ambos! Esta realidad nos lleva a una segunda verdad.

*Segundo, la envidia es un problema espiritual.* La envidia comienza con los ojos, pero rápidamente se traslada al corazón, donde se convierte en un problema espiritual. La envidia toma un pecado de la carne y lo convierte en un pecado del espíritu. Porque cuando envidias a alguien por algo que esa persona tiene (lo que suele ser el caso), caes en un peligroso agujero espacial que te transporta rápidamente del reino terrenal al reino espiritual. ¿Cómo?

La envidia niega la sabiduría de Dios. Yo sé lo que es mejor para mí, no Dios. La envidia niega la provisión de Dios. Dios realmente no se preocupa por mí. La envidia niega el juicio de Dios. A Dios no le importa lo que haga. La envidia niega el poder de Dios. Dios no podría hacer algo mejor por mí en esta vida. La envidia niega la supremacía de Dios en tu vida. Sé más que Dios. ¿Entiendes?

Estas realidades colocan a la envidia por encima de los otros pecados. Entonces, ¿por qué los humanos hacen esto todo el tiempo? Bueno, hay una razón para eso. Ralph Waldo Emerson, filósofo y educador estadounidense, dijo: La envidia es ignorancia.[66] Yo tendería a estar de acuerdo. La envidia es la ignorancia acerca de Dios y de nosotros mismos. Esta realidad es descaradamente evidente en la historia de Acab. Era un ignorante. No tenía idea de las repercusiones de su envidia. No tenía ni idea de cómo afectaría a su legado. No tenía idea de cómo afectaría a toda su familia. Esto nos lleva a un tercer punto.

# LA HIERBA DEL VECINO

*En tercer lugar, la envidia es un problema familiar.* Al igual que los otros seis pecados capitales que hemos discutido, la envidia puede hundir a tu familia, creando descontento en ti. La envidia, y sus resultados, también se transmiten a los miembros de tu familia. También se descontentan con lo que tienen. De hecho, es posible que te miren y envidien a otra persona que podría ocupar tu lugar. Por ejemplo, mi esposa podría muy bien compararme con el esposo de otra persona y querer reemplazarme con un modelo mejor. El divorcio es fácil. ¿Diferencias incompatibles? No hay problemas, compré y miré y encontré un modelo mejor.

Otro ejemplo tomado de los adolescentes de hoy: "Odio a mi familia. Ojalá tuviera una familia como tal y tal. Sus padres son geniales. Los míos son un lastre". ¿Entiendes el punto? La envidia está hundiendo a nuestras familias de una manera importante. Este pecado es difícil de vencer porque en nuestra cultura materialista, este pecado prevalece. Hoy, la envidia manda.

Acab y su familia fueron destruidos por la envidia. Las repercusiones de un acto pecaminoso y envidioso pueden enviar a una familia en espiral hacia el abismo eterno. Toda la familia de Acab tuvo un final violento gracias a un acto de envidia. La envidia de Acab llevó al asesinato de Nabot y al robo de su viña. Este acto tuvo serias repercusiones.

Entonces, ¿cómo podemos nosotros vencer la envidia? La solución es el contentamiento y la confianza en Dios. Cuando estés satisfecho con lo que tienes, nunca tendrás la tentación de mirar la falsa vegetación del otro lado. La Biblia comparte con nosotros el gran ejemplo de contentamiento que encontramos en la vida del apóstol Pablo. Vivía, o mejor aún, existía, en una prisión romana. Estuvo encadenado durante la mayor parte del día y probablemente de la noche. Tenía muy pocas cosas que pudiera llamar suyas. Había sido abandonado por sus amigos, que aparentemente lo habían olvidado. En medio de todo esto, escribe a la iglesia filipense: "Sé vivir con casi nada o con todo. He aprendido el secreto de vivir en cada situación, ya sea con el estómago lleno o vacío, con abundancia o con poca. Porque todo lo puedo en Cristo que me fortalece" (Filipenses 4:12-13).

Pablo realmente había encontrado el secreto para vencer a la envidia. Él sabía que Jesucristo había expiado ese pecado en la cruz en el Calvario. Jesús resucitó para poder vivir con fuerza y con la esperanza de que habría un día mejor. No tenía que envidiar a nadie por nada. Tenía todo lo que necesitaba. ¡No solo por ese día, sino para siempre!

Cuando fallamos y el pecado y la envidia se salen con la suya, la sorpresa es que Dios siempre está dispuesto y listo para ser compasivo con el penitente. El arrepentimiento es siempre el primer paso de regreso a la normalidad y de regreso a Dios. La historia de Acab tiene un final muy interesante y sorprendente. ¡Acab se arrepintió! "Y sucedió que cuando Acab oyo estas palabras [un terrible mensaje de perdición para su familia], rasgó sus vestidos, y puso cilicio sobre su carne, ayunó, y durmió en cilicio, y anduvo humillado." (1 Reyes 21:27, las palabras entre paréntesis son mías).

Acab comprendió lo que había hecho y se arrepintió. Dios lo vio y fue compasivo. Dios honrará todo arrepentimiento verdadero. Dios le dijo a Elías: "¿No has visto **cómo** Acab se ha humillado delante de mí? Pues por cuanto se ha humillado delante de mi, no traeré el mal en sus días; en los días de su hijo traeré el mal sobre su casa" (1 Reyes 21:29). ¡Con Dios, la esperanza es siempre una realidad! El arrepentimiento siempre será bien recibido. ¡El sacrificio de Jesús cubre y expía cada pecado, todo el tiempo, en cualquier lugar!

## PREGUNTAS DE REFLEXIÓN:

1. ¿Ves la sombra de Acab en ti mismo? ¿Tienes todo lo que necesitas, pero crees que te falta una sola cosa? ¿Cuál es tu viñedo?

2. ¿Has pensado en las consecuencias de la envidia en tu vida? ¿En la vida de tu esposo o esposa? ¿En la vida de sus hijos?

3. ¿Estás dispuesto a llegar a un acuerdo con Dios sobre el pecado de la envidia? ¿Estás dispuesto, como Acab, a arrepentirte y empezar de nuevo?

## ORACIÓN

*Padre mío que estás en los cielos, ¡Bendito sea tu nombre!* Por favor, protege mi vida del pecado capital de la envidia. Señor, guarda mis ojos para que no mire las bendiciones de los demás para quererlas. Protege a mi familia de caer bajo la maldición de la envidia. Te confieso las veces que he tenido envidia. Me arrepiento de mi envidia. Por favor, perdóname y cancela mis consecuencias por este pecado. Gracias porque Jesús expió este pecado en la cruz del Calvario.
*En el nombre de Jesús. Amén.*

# CAPÍTULO NOVENO

# ESCAPAR DE LA PENA CAPITAL

¿Cómo disciplina Dios a sus hijos? ¿Cómo ve Dios estos siete pecados capitales y cómo responde cuando los cometemos? Para averiguarlo, busquemos en la Biblia el libro de Números, capítulo 32.

En el pasaje leemos acerca de la relación que Moisés tuvo con las tribus de Rubén y Gad. El lado oriental del Jordán había sido ganado en la guerra. Las dos tribus querían establecerse en esa zona y no ayudar con el resto de la conquista. Moisés les dijo que esa no era una opción. Le dieron a Moisés otra opción, la cual Dios aprobó. Las dos tribus se establecerían en la tierra que quisieran, *pero* enviarían a sus hombres completamente armados frente a las otras tribus cuando subieran a conquistar la Tierra Prometida. Después de estar de acuerdo con sus términos, Moisés les dio una severa advertencia: "Más si así no lo hacéis, he aquí que habréis pecado contra Jehová; *y sabed que vuestro pecado os alcanzará*" (Números 32:23, NVI, énfasis mío).

La realidad es que Dios no permitirá que ningún pecado pase sin su debido castigo. No puede. Él es Dios. Él tiene los medios y las maneras de imponer su voluntad. Los siete pecados capitales son ineludibles en nuestra sociedad. Creemos que podemos ocultar nuestros pecados, pero a su debido tiempo, nos alcanzarán a nosotros y a nuestras familias. En el libro de Josué, capítulo 7, vemos el triste ejemplo de Acán. Su codicia lo impulsó a tomar un botín prohibido de Jericó y ocultó su pecado. Sin embargo, su pecado lo alcanzó y también destruyó a su familia. Necesitamos ser conscientes de la realidad del pecado capital en nuestras vidas y su impacto en nuestras familias. Esta es una de nuestras principales omisiones. Cometemos el pecado y pensamos que no afectará a nuestras familias. Debemos recordar que ciertas características del pecado capital nos acosarán.

*En primer lugar, la realidad del pecado capital está a nuestro alrededor.* Los siete pecados son nuestro pan de cada día. Están en todas partes y listos para abalanzarse sobre nuestras familias y sobre cada uno de nosotros. Estos pecados son ineludibles. Desde el siglo VI, la iglesia ha identificado estos pecados como pilares de la destrucción de nuestra sociedad y nuestras familias. Estos pecados son el orgullo, la ira, la pereza, la lujuria, la avaricia, la gula y la envidia. Ya los conoces por su nombre. Ustedes los conocen por el camino de destrucción que ellos crean. Los conoces por la acusación de delitos capitales que traen a tu familia.

En los Estados Unidos, los delitos capitales son aquellos delitos que exigen la pena de muerte como justa retribución. Estos son los delitos más atroces y depravados, que generalmente involucran asesinato en primer grado y violaciones adicionales. Estos siete pecados son el equivalente espiritual de las ofensas capitales de la sociedad, y son una parte constante de nuestro paisaje moral. Sin embargo, en nuestra sociedad, no solo son tolerados sino aceptados. Estos peca-

# ESCAPAR DE LA PENA CAPITAL

dos se han convertido en una parte normal de nuestras vidas. Están a nuestro alrededor.

Estamos obligados a pecar. Nuestra naturaleza humana es una naturaleza pecaminosa. Estos pecados te hundirán a ti y también a tu familia. ¡Los torpedos están listos para hundir tu barco! Así como Moisés advirtió a los clanes de Rubén y Gad, Dios nos está advirtiendo hoy. Tu pecado te alcanzará y este pecado destruirá a tu familia.

*En segundo lugar, se garantiza la pena del pecado capital.* La justicia de Dios exige pago y retribución. La justicia humana también exige retribución por las ofensas capitales. Desde 1977, en los EEUU, 1.540 personas han pagado con sus vidas por un delito capital a manos del gobierno de los EEUU. En el año 2020, los registros muestran que 2.500 personas estaban esperando la ejecución por un delito capital. La pena para todas las ofensas o delitos capitales es la muerte. La muerte por inyección, electrocución, ahorcamiento o fusilamiento está en el código legal de los Estados Unidos.

El castigo por estos siete pecados capitales es la muerte. De hecho, la pena del pecado, de todo pecado, es la muerte. "Por cuanto todos pecaron, y están destituidos de la gloria de Dios" (Romanos 3:23). "Porque la paga del pecado es muerte" (Romanos 6:23). Estos y muchos otros versículos de la Biblia testifican que Dios no tolera el pecado. Los horribles efectos del pecado en su familia están garantizados. Así como la pena de muerte está garantizada para cualquiera que cometa un delito capital en nuestro país, estos pecados capitales significan un grave castigo para quienes los cometen y sus familias.

¡Ahora aquí nos encontramos con una sorpresa inesperada!

*Tercero, todo pecado capital puede ser perdonado.* Hay ocasiones (aunque extremadamente raras) en que nuestra sociedad perdona los pecados capitales. Estados Unidos tiene todo un proceso codificado para permitir que alguien pueda apelar a *la clemencia*. Este no es un proceso fácil y pocos lo logran, pero el camino está claramente marcado.

La Biblia nos dice que Dios también perdona los pecados capitales. La clemencia se define en la Biblia como el *perdón*. Vemos la explicación del perdón en Isaías 1:18-20:

> "Vamos, arreglemos esto"
> dice el Señor.
> "Aunque vuestros pecados sean como la grana,
> serán emblanquecidos como la nieve;
> aunque sean de color rojo carmesí,
> serán como blanca lana.
> Si estás dispuesto y eres obediente,
> comerás lo bueno de la tierra.
> Pero si te niegas y te rebelas,
> Serás devorado por la espada".
> Porque la boca del Señor ha hablado.
> (Mi traducción)

¿Cómo puede una persona lograr el perdón de Dios? Bueno, técnicamente nadie puede pedir clemencia y obtener el perdón de Dios. La verdad es que solo Dios puede hacer ese caso en nuestro nombre. Esta es la razón por la que Jesús murió en la cruz por nosotros y resucitó de entre los muertos al tercer día. Jesús pagó la

# ESCAPAR DE LA PENA CAPITAL

pena del pecado con su cuerpo y su sangre y conquistó el castigo del pecado, que era la muerte, con su resurrección. Tanto la muerte de Jesús en la cruz fuera de Jerusalén como su posterior resurrección de entre los muertos son hechos históricos específicos que subyacen en el Evangelio/Buenas Nuevas y son las partes específicas del plan de Dios que proporcionan clemencia por nuestro pecado.

Su familia depende de usted para marcar una diferencia positiva en su nombre. Lo haces decidiendo confiar y creer en Dios. Esta es una decisión que tomas ahora, en este instante, pero afectará a tu familia durante generaciones. ¡Sí, esta elección significa que usted y su familia sobrevivirán a los siete pecados que pueden hundir a su familia!

# PREGUNTAS DE REFLEXIÓN:

1. ¿Estarías de acuerdo en que podrías detener los efectos del pecado intergeneracional si quisieras detenerlo?

2. ¿Crees que los siete pecados capitales son omnipresentes en nuestra sociedad?

3. ¿Cómo te afectan estos pecados? ¿Tienes un pecado favorito que cometes una y otra vez?

4. ¿Te gustaría parar todo ahora? ¿Te gustaría ser la persona de tu familia que ponga fin al pecado intergeneracional?

# ORACIÓN

*El Padre Nuestro (Mateo 6:9-13; mi traducción)*
*"Padre nuestro que estás en los cielos,*
*Tu nombre sea honrado como santo.*
*Venga tu reino.*
*Hágase tu voluntad,*
*en la tierra como en el cielo.*
*Danos hoy nuestro pan de cada día.*
*Y perdónanos nuestras deudas,*
*como también nosotros hemos perdonado a nuestros deudores.*
*Y no nos dejes caer en tentación,*
*pero líbranos del maligno.*
*Porque tuyo es el reino, el poder y la gloria para siempre.*
*Amén".*

# NOTA DEL AUTOR

Estimado lector,

Gracias por terminar de leer este libro. Es mi deseo como autor que las lecciones que he aprendido pueda compartirlas con ustedes. Espero que las palabras de este libro marquen una diferencia en tu vida como lo han hecho en la mía. Te deseo lo mejor en tus esfuerzos por enderezar el barco de su familia.

Por favor, si puedes y así lo deseas, ve a mi página web www.davidlemajr.org y comparte tu testimonio de cómo Dios te ayudó a navegar por estas aguas. Además, allí encontrará información sobre nuestro ministerio y otros libros y recursos que le pueden interesar.

¡Gracias!

# APÉNDICE A

Cómo Dios expió tus pecados y los pecados de tu familia
Los Tres Círculos

Visite el siguiente sitio web para obtener información específica sobre los Tres Círculos.

https://onewaygospel.com/es/que-es-el-evangelio-metodo-de-los-3-circulos-onewaygospel/

# ENDNOTES

1   Wikipedia, s.v. "pride", Wikipedia.org, actualizado el 12 de julio de 2024 de https://en.wikipedia.org/wiki/Pride.
2   John Maxwell, "El problema del orgullo", johnmaxwell.com, John C. Maxwell, 22 de enero de 2014, https://www.johnmaxwell.com/blog/the-problem-of-pride/.
3   Wikipedia, s.v. "orgullo".
4   "La Biblia y el orgullo", Iglesia Resucitada, 17 de mayo de 2022, publicación en Facebook, https://www.facebook.com/Risen473/photos/a.650021058743828/1384351368644123/?type=3&_rdr.
5   Oxford English Dictionary Online, s.v. "pride", consultado el 13 de abril de 2024 de https://www.oed.com/dictionary/pride_n1?tab=meaning_and_use#28314327.
6   Dictionary.com, s.v. "pride", Dictionary.com, consultado el 13 de abril de 2024, https://www.dictionary.com/browse/pride.
7   «¡El Libertador liberado (por las mujeres)!», LigonDuncan.com, 8 de octubre de 2000, https://ligonduncan.com/the-deliverer-delivered-by-women-1071/.
8   Rick Warren, La vida con propósito (Grand Rapids, MI: Zondervan, 2002), 265.
9   Wikipedia, s.v. "Ira", Wikipedia.org, actualizado el 18 de julio de 2024 de https://en.wikipedia.org/wiki/Anger.
10   "Anger", sitio web de la Asociación Americana de Psicología, Psychology Topics, consultado el 10 de agosto de 2024, https://www.apa.org/topics/anger.
11   James E. Smith, The College Press NIV Commentary: 1 and 2 Samuel (Joplin, MO: College Press Publishing Company, Inc., 2024), sección 13:11–14.
12   Smith, 1 y 2 Samuel, sección 13:11–14.

13    Craig E. Morrison, Berit Olam, Estudios de Narrativa y Poesía Hebrea: 1 y 2 Samuel (Collegeville, MN: Liturgical Press, 2013), véase el comentario sobre 13:7 y nota 62.
14    Comentario sobre 2 Samuel 13:21, CBS, bible.com, consultado el 10 de agosto de 2024, https://www.bible.com/bible/1713/2SA.13.CSB.
15    Rae Jacobson, "Teens and Anger", childmind.org, Child Mind Institute, actualizado el 21 de mayo de 2024 de https://childmind.org/article/teens-and-anger/.
16    Jacobson, "Los adolescentes y la ira".
17    Jacobson, "Los adolescentes y la ira".
18    Jacobson, "Los adolescentes y la ira".
19    Jacobson, "Los adolescentes y la ira".
20    Robert D. Bergen, 1, 2 Samuel: The New American Commentary: An Exegetical and Theological Exposition of Holy Scripture, vol. 7 (Nashville, Holman Reference, 1996), véase el comentario sobre 2 Samuel 13.
21    John Ortberg, "Confesiones de un pastor perezoso", en Richard Exley, Makr Galli y John Ortberg, Peligros, trabajos y trampas: Resistiendo las tentaciones ocultas del ministerio, dominando los puntos de presión del ministerio (Sisters, OR: Multnomah Books, 1994), 51.
22    "Sloth", WWF, Species, worldwildlife.org, consultado el 10 de agosto de 2024, https://www.worldwildlife.org/species/sloth#:~:text=Sloths%E2%80%94the%20sluggish%20tree%2Ddwellers,20%20hours%20per%20day%20sleeping.
23    Paul Lee Tan, Enciclopedia de 7700 Ilustraciones: Signos de los Tiempos (Garland, TX: Bible Communications, Inc., 1996, edición electrónica), 1301.
24    Wikipedia, s.v. "acedia", Wikipedia.org, actualizado el 24 de junio de 2024, https://en.wikipedia.org/wiki/Acedia
25    Wikipedia, s.v. "acedia".
26    Archibald Browning Drysdale Alexander, "Siete pecados capitales", Enciclopedia de Religión y Ética, ed. James Hastings, John A. Selbie y Louis H. Gray (Edimburgo; Nueva York: T. & T.

Clark; Los hijos de Charles Scribner, 1908-26), 427-28.

27    John Cassian, "Los Doce Libros de John Cassian on the Institutes of the Cœnobia", en Sulpitio Severo, Vicente de Lérins, John Cassian, ed. Philip Schaff y Henry Wace, trad. Edgar C. S. Gibson, vol. 11, Una Biblioteca Selecta de los Padres Nicenos y Post-Nicenos de la Iglesia Cristiana, Segunda Serie (Nueva York: Christian Literature Company, 1894), 233-34.

28    Casiano, Los Doce Libros, 266.

29    Wikipedia, s.v. "acedia".

30    "Acedia = Falta de cuidado", Camino al Polo de Mayo de la Sabiduría: Un caso de ética espiritual, virtudes y rectitud en nuestros tiempos, consultado el 18 de agosto de 2024 de https://maypoleofwisdom.com/acedia-lack-of-care-disease-of-our-times/.

31    Wikipedia, s.v. "Siete pecados capitales", Wikipedia.org, actualizado el 10 de agosto de 2024 de https://en.wikipedia.org/wiki/Seven_deadly_sins. Véase también Stanford M. Lyman, The Seven Deadly Sins: Society and Evil, ed. ampliada (Lanham, MD: Rowman & Littlefield Publisher, 1989), págs. 6–7.

32    Wikipedia, s.v. "Siete pecados capitales".

33    Kathleen Norris, Acedia y yo: un matrimonio, monjes y la vida de un escritor (Nueva York: Riverhead Books, 2008).

34    William Hendriksen, Comentario al Nuevo Testamento: El Evangelio según San Mateo (Grand Rapids, MI: Libros Desafío, 2007), 889.

35    Mary Fairchild, "¿Cuán pesado era un talento en la Biblia?" Aprender Religiones, Cristianismo, actualizado el 19 de julio de 2024 de https://www.learnreligions.com/what-is-a-talent-700699.

36    John Peter Lange y Philip Schaff, Un comentario sobre las Sagradas Escrituras: Mateo (Bellingham, WA: Logos Bible Software, 2008), 444.

37    "Hakuna Matata", El Rey León, Disney, letra de Tim Rice, música de Elton John.

38    Véase Mateo 5:28. Otras versiones se leen de manera diferente. Algunos, como la KJV, traducen lujuria como un sustantivo, por ejemplo, «cualquiera que mire a una mujer con

lujuria...»
39   Michael P. Green, ed., Ilustraciones para la predicación bíblica: Más de 1500 ilustraciones de sermones ordenadas por tema e indexadas exhaustivamente, edición revisada de The Expositor's Illustration File (Grand Rapids, MI: Baker Book House, 1989).
40   Vocabulary.com, s.v. "lust", consultado el 08 de noviembre de 2023 de https://www.vocabulary.com/dictionary/lust.
41   Lee el relato que se encuentra en 2 Samuel 11:5–25.
42   Smith, 1 y 2 Samuel, 428.
43   E. J. Mundell, "La lujuria ataca a ambos sexos a diario", HealthDay.com, Sexual Health, 28 de mayo de 2005, https://www.healthday.com/health-news/sexual-health/lust-strikes-both-genders-daily-525971.html.
44   Mundell, "La lujuria ataca a ambos sexos a diario".
45   Estadísticas proporcionadas por el Atlas Mundial de la Obesidad 2023, Federación Mundial de Obesidad, https://s3-eu-west-1.amazonaws.com/wof-files/World_Obesity_Atlas_2023_Report.pdf, 10, consultado el 10 de agosto de 2023.
46   Linda Searing, "El 51 por ciento de la población mundial puede tener sobrepeso u obesidad para 2035", The Washington Post, washingtonpost.com, Wellness, 20 de mayo de 2023, https://www.washingtonpost.com/wellness/2023/03/20/obesity-overweight-increasing-worldwide/.
47   Rick Warren, Daniel Amen y Mark Hyman, El plan Daniel (Grand Rapids, MI: Zondervan, 2013), 13.
48   "Childhood Obesity", Our World in Data, Obesity, ourworldindata.org, consultado el 10 de agosto de 2024, https://ourworldindata.org/obesity#childhood-obesity.
49   "Explore Data by Demographic, Ages 10–17", State of Childhood Obesity, Robert Wood Johnson Foundation, stateofchildhoodobesity.org, consultado el 10 de agosto de 2024, https://stateofchildhoodobesity.org/demographic-data/ages-10-17/#:~:text=Roughly%20one%20in%20six%20youth,10%20to%2017%20had%20obesity.
50   Emily Laurence, "Obesity Statistics and Facts in 2024"

(Estadísticas y datos sobre la obesidad en 2024), Forbes Health, actualizado el 10 de enero de 2024 de https://www.forbes.com/health/body/obesity-statistics/#:~:text=Worldwide%2C%20more%20than%201%20billion,million%20children%2C%20according%20to%20WHO.

51    Wikipedia, s.v. "Siete pecados capitales".

52    Brittannica Online, s.v. "gluttony", consultado el 10 de agosto de 2024, https://www.britannica.com/topic/gluttony.

53    Brittanica, s.v. "gula".

54    "Versículos bíblicos sobre la gula", Herramientas de estudio bíblico, compilado el 16 de febrero de 2024, biblestudytools.com https://www.biblestudytools.com/topical-verses/bible-verses-about-gluttony/.

55    Mary Fairchild, "¿Qué dice la Biblia? ¿Sobre la gula? Aprender Religiones, actualizado el 29 de junio de 2019, learnreligions.com, Cristianismo, https://www.learnreligions.com/gluttony-in-the-bible-4689201#:~:text=%E2%80%9CThe%20Son%20of%20Man%20came,average%20person%20in%20his%20day.

56    Kim Montgomery, "¿Qué es la gula?" Ligonier, 17 de abril de 2023, ligonier.org, Life Issues, https://www.ligonier.org/learn/articles/virtues-vices-gluttony#:~:text=Gluttony%2C%20biblically%20speaking%2C%20can%20be,soul%20(the%20inner%20person).

57    Fairchild, "¿Qué dice la Biblia sobre la gula?"

58    Lisa Kutolowski, "El espíritu de la gula o cómo darse cuenta de nuestros pensamientos invita a la libertad". Metanoia de Vermont, 9 de febrero de 2021, metanoiavt.com https://www.metanoiavt.com/reflections/2021/2/9/freedom-from-unthinking-thoughts-about-food.

59    Jason Liske, "Los siete pecados capitales: la gula", The Catholic Gentleman, 5 de noviembre de 2013, catholicgentleman.com, https://catholicgentleman.com/2013/11/the-seven-deadly-sins-gluttony/.

60    Yourdictionary.com, s.v. "greed", consultado el 10 de agos-

to de 2024 https://www.yourdictionary.com/greed.
61	Vocabulary.com, s.v. "greed", consultado el 10 de agosto de 2024, https://www.vocabulary.com/dictionary/greed.
62	Traducción libre del autor de Lucas 12:16–20.
63	León Tolstoi, ¿cuánta tierra necesita un hombre? (En línea: The Floating Press, 2016).
64	Tolstoi, ¿cuánta tierra necesita un hombre?
65	Merriam-Webster, s.v. "envy", consultado el 10 de agosto de 2024, https://www.merriam-webster.com/dictionary/envy.
66	Del ensayo de Ralph Waldo Emerson sobre la autosuficiencia, Owl Eyes, Library, Nonfiction, Self-Reliance, owleyes.org, consultado el 18 de agosto de 2024, cf. p. 1, https://www.owleyes.org/text/self-reliance.

Made in United States
Orlando, FL
11 November 2024